AI와 로봇세

AI총서

인공지능 시대입니다. 기계가 인간의 인지를 대신하고, 사물이 인간을 통하지 않고 다른 사물과 직접 커뮤니케이션합니다. 이에 따른 인간 삶과 문명 변화를 정확히 이해 · 예측 · 대응하는 것은 이 시대 우리 모두의 과제입니다. AI총서는 인공지능 기술과 환경의 여러 주제를 10가지 키워드로 정리합니다. 관련 개념과 이론, 학계와 산업계의 쟁점, 우리 일상의 변화를 다룹니다. 인간과 기술의 현재, 미래를 세심히 분석합니다.

일러두기

- 인명, 작품명, 저서명, 개념어 등은 한글과 함께 괄호 안에 해당 국가의 원어를 병기했습니다.
- 외래어 표기는 현행 어문규정의 외래어표기법을 따랐습니다.

처음이세요?

전문가세요?

AI와 로봇세

나형종

대한민국, 서울, 커뮤니케이션북스, 2025

AI와 로봇세

지은이 나형종
펴낸이 박영률

초판 1쇄 펴낸날 2025년 12월 5일

커뮤니케이션북스(주)
출판 등록 2007년 8월 17일 제313-2007-000166호
02880 서울시 성북구 성북로 5-11
전화(02) 7474 001, 팩스(02) 736 5047
commbooks@commbooks.com
www.commbooks.com

ISBN 979-11-430-0843-5 03500

책값은 뒤표지에 표시되어 있습니다.

차례

로봇세 도입 필요성

4차 산업 혁명(Industry 4.0)은 단순한 기술의 진보를 넘어, 인간의 노동, 자본, 그리고 가치 창출의 방식 자체를 근본적으로 재편하고 있다. 인공지능(AI), 로봇 공학(Robotics), 사물 인터넷(IoT), 빅 데이터(Big Data), 클라우드 컴퓨팅과 같은 기술들은 디지털 · 물리 · 생물학적 영역 간의 경계를 허물며, 기존 산업 구조를 획기적으로 변화시키고 있다(Oberson, 2017). 이러한 변화는 기업 경영 전략, 생산 방식, 유통 경로는 물론, 세금 징수와 분배 시스템까지 사회 시스템 전반에 걸쳐 광범위한 영향을 미치고 있다.

특히 이 변화의 중심에는 '로봇'이 존재한다. 지능형 로봇은 단순 반복 작업에만 국한되지 않고, 사람의 언어를 이해하고 시각 정보를 해석하며, 복잡한 환경 속에서 자율적으로 행동할 수 있는 수준으로 진화하고 있다. 이러한 로봇의 기술력은 제조업을 넘어 금융, 의료, 법률, 물류, 교육, 행정 등 다양한 서비스 산업으로 확산되면서 인간 노동력의 역할을 본질적으로 재정의하고 있다. 로봇은 더 빠르고 정확하게, 더 저렴한 비용으로 작업을 수행함으로써 기업의 생산성과 효율성을 높이는 데 결정적 기여를 하고 있다. 그러나 동시에 이는 인간 노동자의 자리를 대체하거나 축소하는 결과로 이어지며, 노동 시장에 구조적인 긴장을 초래하고 있다(Zhang, 2019).

이러한 기술 혁신이 가져오는 경제적 · 사회적 이익은 분명하지만, 그 반대급부로 실업, 소득 양극화, 지역 간 격차 확대, 사회적 이동성의 감소 등 부작용 또한 무시할 수 없다. 특히 자동화와 로봇화는 중간 기술 노동자의 일자리를 우선적으로 대체함으로써 중산층 기반을 약화하는 방향으로 작용하고 있으며, 이는 사회 통합과 민주주의 시스템의 기반에도 잠재적인 위협이 될 수 있다.

이와 같은 복합적인 상황 속에서, 본 책은 '로봇세(Robot Tax)'의 도입 필요성과 그 실질적 설계 방안을 체계적으로 탐색하고자 한다. 로봇세란, 로봇이 인간의 일자리를 대체함으로써 발생한 경제적 이익의 일부를 사회 전체의 복지를 위해 재분배하는 조세 제도다. 이는 단순한 조세 정책을 넘어, 기술 혁신이 가져올 불균형을 조정하고, 그 이익이 공정하게 분배되도록 하기 위한 새로운 형태의 사회 계약(social contract)으로 볼 수 있다(Gasteiger & Prettner, 2017). 다시 말해 로봇세는 '기술 진보에 따른 사회적 비용의 내부화'라는 이념에 기반한 제도다.

로봇세는 몇 가지 핵심적 문제의식을 전제로 한다. 첫째, 기술의 확산이 불가피하다는 점이다. 우리는 기술 발전을 막을 수 없으며, 오히려 이를 수용하고 사회적으로 조화롭게 통합하는 방법을 고민해야 한다. 둘째, 기술의 혜택이 소수의 자본 보유자에게 집중될 경우, 사회 전반의 불만과 갈등이 증폭될 수 있다. 셋째, 기존 조세 시스템은 전통적 노동 중심의 경제 구조를 전제로 설계되었기 때문에, 노동의 자동화가 가속화될수록 국가 재정의 기반이 약화될 수 있다.

빌 게이츠는 2017년 인터뷰에서 로봇세 도입을 공개적으로 지지하며, 로봇 도입으로 인한 세수 감소 문제와 실직자의 재교육, 사회 안전망 확충 등을 위한 재원이 필요하다고 주장했다. 그는 "로봇이 인간의 노동을 대체하는 만큼, 로봇이 벌어들이는 이익의 일부를 조세를 통해 다시 사회로 환류해야 한다"고 강조했다. 이는 단순히 새로운 세금을 도입하자는 차원을 넘어, 기술에 의해 창출된 부를 공공의 이익을 위해 사용해야 한다는 철학적 문제 제기다. 반면, 로렌스 서머스 전 미국 재무 장관은 로봇세가 기업의 기술 도입을 저해하고 생산성 향상에 역행할 수 있다는 점에서 신중한 입장을 견지했다(Paul-Choudhury, 2017). 이처럼 로봇세에 대한 논의는 단순한 찬반이 아닌, 기술 혁신과 사회 정의, 효율과 공정성 사이의 균형점을 찾는 다층적 논쟁 구조를 갖고 있다.

유럽 연합(EU)도 2017년 '로봇 공학에 관한 민사법 규칙'을 채택하며 장기적으로 로봇에게 법적 지위를 부여하는 가능성을 열어 두었다. 다만, 로봇세 도입은 현실적인 과세 기준 설정의 어려움과 정치적 합의 부족 등의 이유로 실제 입법에는 이르지 못했다(Delvaux, 2017). 이는 로봇세가 단순히 기술적 조세 시스템의 문제가 아니라, 법률적 권리 주체 개념, 철학적 가치, 행정 운영 가능성 등 복합적 요소가 얽혀 있음을 시사한다.

특히 한국처럼 제조업 비중이 높은 국가에서는 로봇세 도입이 산업 경쟁력과 고용 정책 간의 긴장을 야기할 수 있다. 우리 경제는 고용 유발 계수가 높은 산업에 기반을 두고 성장해 왔기 때문에, 로봇세 도입이 자칫 기술 투자 위축이나 기업 비용 증가로 이어질 경우 고용 유지와 혁신 촉진 간 균형을 어떻게 조정할 것인가 하는 문제가 대두된다. 이에 따라 로봇세는 단일 정책이 아니라, 산업 정책 · 복지 정책 · 노동 시장 정책과 유기적으로 연계되어야 한다.

책의 구성

이 책은 이러한 배경 속에서 로봇세의 이론적 근거와 실천적 설계를 총체적으로 다룬다. 책은 총 10장으로 구성되어 있으며, 다음과 같은 주제를 포함한다.

제1장은 로봇세의 개념, 철학적 기원, 국제적 논의 흐름을 소개한다. 제2장은 로봇세 도입이 왜 지금 필요한지를 경제적, 기술적 맥락에서 조망한다. 제3장에서는 로봇세의 법적 정의, 과세 대상, 납세 주체에 대한 개념적 구분을 시도한다. 제4장과 제5장에서는 찬반 논의의 핵심 쟁점과 주요 국가의 제도 설계 논의를 종합한다. 제6장과 제7장은 로봇세 과세 체계의 설계, 세율 산정 방식, 세수 활용 방안을 실증 자료와 함께 제시한다. 제8장과 제9장에서는 로봇세가 경제 전반과 고용 시장, 기업의 기술 혁신에 미치는 영향을 시나리오 기반으로 분석한다. 끝으로 제10장에서는 정책적 제언을 종합하여 제도 설계의 실현 가능성과 향후 연구 과제를 제시한다.

저자의 집필 의도는 크게 세 가지다. 첫째, 로봇세에 대한 국내 논의를 정책적 · 학문적으로 본격화하는 데 필요한 이론적 기반을 제공하고자 한다. 둘째, 기존의 추상적 논의에서 벗어나 실제 제도화 가능성을 검토할 수 있는 실천적 방안을 제시함으로써 구체적인 입법 논의로의 전환을 촉진하고자 한다. 셋째, 로봇세를 단순한 조세 정책이 아닌 '기술과 인간의 공존을 위한 사회적 설계'로 이해하도록 돕는 데 있다.

이 책은 정책 입안자, 학계 연구자, 기업 실무자, 그리고 사회적 변화를 성찰하고자 하는 일반 독자 모두에게 유용한 자료가 될 것이다. 정책 입안자에게는 새로운 조세 정책 설계의 방향성을, 기업에는 기술 도입과 사회적 책임 간 균형점을, 일반 독자에게는 기술이 초래하는 미래 변화에 대한 철학적 통찰과 대응 전략을 제공하고자 한다.

궁극적으로 이 책은 로봇세를 '기술 진보와 사회적 정의 사이의 가교'로 보며, 인간과 기계가 조화롭게 공존하는 지속 가능한 미래를 설계하기 위한 첫걸음으로 삼고자 한다. 기술의 속도는 멈출 수 없지만, 그 방향은 우리가 선택할 수 있다. 기술로 인한 혜택이 소수에게 집중되지 않고 모두에게 공유될 수 있도록, 조세 제도가 그 전환의 통로가 되어야 한다. 본 저서가 이러한 전환에 있어 의미 있는 학문적, 정책적, 실천적 단초를 제공하기를 기대한다.

참고문헌

Delvaux, M.(2017). Report with recommendations to the Commission on Civil Law Rules on Robotics. European Parliament Committee on Legal Affairs. https://www.europarl.europa.eu/doceo/document/A-8-2017-0005_EN.html

Gasteiger, E. & Prettner, K.(2017). A note on automation, stagnation, and the implications of a robot tax. *Economics Bulletin, 37*(1), pp.476~483. https://refubium.fu-berlin.de/bitstream/handle/fub188/22056/discpaper2017_17.pdf;jsessionid=96E2C6563487D048D93C0DE382194E0E?sequence=1

Oberson, X. (2017). Taxing robots? From the emergence of an electronic ability to pay to a tax on robots or the use of robots. *World Tax Journal., 247.*

Paul-Choudhury, S.(2017). A robot tax is only the beginning. *New Scientist, 233*(3115), p.25. https://dialnet.unirioja.es/servlet/articulo?codigo=6509360

Zhang, P.(2019). Automation, wage inequality and implications of a robot tax. *International Review of Economics & Finance, 59*, pp.500~509. https://www.sciencedirect.com/science/article/abs/pii/S1059056018307251

01
로봇세란 무엇인가?

AI와 로봇 기술의 급속한 발전은 노동의 패러다임을 근본적으로 변화시키고 있다. 자동화의 확산으로 생산성은 향상되지만 일자리는 줄어들고 있으며, 이로 인해 소득 불평등 심화와 조세 기반 약화라는 새로운 사회 경제적 문제가 대두되고 있다. 이러한 변화에 대응하여 로봇세는 기술 발전의 혜택을 사회 전체가 공유하고, 실업과 복지 재정을 보완하기 위한 정책적 수단으로 제안되고 있다. 로봇세 도입 논의는 조세 정의, 기술 혁신, 사회적 공정성이라는 복합적인 과제로 사회적 합의가 필요한 중요한 정책 과제가 되고 있다.

AI와 1인 창업?

로봇세의 개념

로봇세(Robot Tax)란 AI와 로봇 기술의 급속한 발전으로 인간 노동이 대체되는 현상 속에서, 그로 인해 발생하는 경제적 · 사회적 문제를 해결하기 위한 새로운 형태의 조세 정책을 의미한다. 이는 기존 조세 체계의 한계를 극복하고, 기술 혁신으로 창출된 부를 보다 공정하게 재분배하려는 제도적 장치로 주목받고 있다.

전통적인 조세 제도는 근로 소득세와 자본 소득세를 중심으로 구축되어 왔다. 다시 말해, 인간이 노동을 제공하거나 자본을 투입하여 얻은 소득을 과세의 대상으로 설정해 왔다는 것이다. 그러나 최근 몇 년 사이 자동화, AI, 자율 로봇 등이 산업 전반에 걸쳐 광범위하게 도입되면서, '노동 없는 생산'이라는 새로운 가치 창출 방식이 부상하고 있다. 이는 인간 노동을 대체하는 기술의 확산이 곧 과세 기반의 축소로 이어질 수 있음을 의미한다(Oberson, 2019).

로봇이 대체하는 노동이 많아질수록 기업은 동일하거나 더 높은 생산성과 효율을 달성하게 된다. 그러나 고용은 감소하고, 이에 따라 국가의 소득세 수입도 줄어들게 된다. 동시에 실업 증가와 사회 안전망 수요 증가는 복지 지출의 확대를 초래하며, 재정적 불균형을 심화한다. 이러한 이중적 문제를 보완하기 위한 하나의 대안으로 로봇세가 제안되고 있으며, 이는 생산의 수단이 변함에 따라 조세의 정의와 형평성도 재정립되어야 함을 시사한다(Zhang, 2019).

로봇세의 궁극적인 목적은 기술 진보로 인해 발생하는 부를 사회 전체가 공유할 수 있도록 유도하는 데 있다. 이는 단순한 재정 확보를 넘어서, 자동화로 인해 실직하거나 노동 시장에서 배제된 계층을 위한 재교육, 사회적 복귀 지원, 기본 소득 확대와 같은 정책을 가능하게 만드는 구조적 기반을 제공한다. Zhang(2019)은 이러한 조세가 산업 혁신과 복지 국가의 지속 가능성 간의 균형을 맞추는 열쇠가 될 수 있다고 강조한다.

또한, 로봇세는 기술이 인간을 보조하거나 협력하는 단계를 넘어, 인간의 직무를 완전히 대체하는 상황에서 기술 그 자체도 경제적 책임을 져야 한다는 새로운 사회계약적 관점에서 등장한 개념이다. Oberson(2019)은 로봇의 '생산성'을 새로운 과세 능력의 기준으로 삼아야 한다고 주장하며, 이는 과거 '소득이 있는 곳에 세금이 있다'는 원칙을 확장한 해석이라 할 수 있다.

이와 같이, 로봇세는 단지 세금을 걷는 새로운 방법이라기보다, 기술 사회에서의 '정의로운 분배'를 실현하기 위한 제도적 장치이자, 자동화된 경제 시스템이 지속 가능하게 운영될 수 있는 재정적, 윤리적 기반을 제공하는 핵심 도구다.

로봇세 논의 배경

4차 산업 혁명이 본격화되면서 로봇세에 대한 논의는 세계적으로 빠르게 확산하고 있다. AI, 빅 데이터, 클라우드 컴퓨팅, 에지 컴퓨팅 등 첨단 기술의 융합으로 산업 자동화는 제조업뿐 아니라 서비스업, 유통업, 의료 및 금융 등 다양한 분야로 확장되고 있으며, 이는 인간 노동의 대체 현상을 가속화하고 있다. 특히 스마트 팩토리, 무인점포, 챗봇 기반 상담 서비스, 자율 주행 운송 등은 이미 현실화되어 고용 구조에 직접적인 충격을 주고 있다 (Zhang, 2019).

이러한 변화는 단지 특정 산업 종사자에게만 영향을 미치는 것이 아니다. 전체 노동 시장 구조에 영향을 미치며, 고용의 양과 질 모두에 구조적 변화를 초래한다. 기술이 대체하는 노동은 단순한 기능직에 국한되지 않고, 분석적 · 판단적 능력이 요구되는 전문직에도 확장되고 있다. 이에 따라 기술이 소득 창출의 주요 수단이 되고, 인간의 노동이 점차 부차적인 위치로 밀려나게 되면서 기존 조세 구조가 무력화될 위험이 커지고 있다.

Zhang(2019)은 이러한 구조 변화가 임금 격차를 심화하고 조세 기반을 약화하는 원인이 된다고 분석한다. 자동화에 따른 부의 축적은 노동자가 아니라 자본 소유자에게 집중되며, 그 결과 사회적 양극화가 심화되고 세입 기반은 갈수록 취약해진다. 특히 소득세, 사회 보험료, 고용세 등 '노동 중심 과세 시스템'의 붕괴는 복지 국가의 존립 기반을 약화하는 구조적 위기를 불러온다.

이에 대해 Oberson(2019)은 과세의 새로운 원칙으로 '로봇의 경제적 기여도'를 제시한다. 그는 로봇의 활용으로 생산성이 증가한다면, 이는 곧 '과세 능력의 발생'으로 간주되어야 하며, 이에 따라 로봇을 활용하는 기업 또는 로봇 자체에 일정한 조세 부담을 부과하는 것이 정당하다고 주장한다. 이는 기존의 조세 체계가 인간 중심에서 기술 중심으로 재편되어야 함을 의미한다.

Gasteiger & Prettner(2017)는 로봇세의 경제적 효과에 대한 이론적 모형을 통해, 적절하게 설계된 로봇세가 경제 전체의 효율성이나 혁신 역량을 훼손하지 않으면서도 소득 재분배 기능을 강화할 수 있음을 보여 준다. 즉, 로봇세는 단순한 재분배가 아니라, 사회 전체의 장기적인 성장 안정성과 형평성을 동시에 도모하는 전략적 도구가 될 수 있다는 것이다. 다만, 세율이 지나치게 높을 경우 기업의 자동화 투자 유인을 저해하고, 글로벌 경쟁력 측면에서 불리할 수 있다는 점에서 세부 설계의 정교함이 필수적이다.

한편 Paul-Choudhury(2017)는 로봇세를 단지 재정 정책의 차원으로만 접근하는 것은 문제의 본질을 간과하는 것이라며, 이것이 기술과 인간이 어떤 관계를 맺을 것인가에 대한 철학적 · 윤리적 과제임을 강조한다. 기술은 중립적이지 않으며, 우리가 기술을 어떤 사회적 기준과 목표하에 통제 · 조정할 것인가가 앞으로의 미래를 결정짓는 핵심 과제가 될 것이라는 것이다. 로봇세는 그 연장선상에서 인간과 기술의 공존, 그리고 정의로운 기술 발전 모델을 설계하기 위한 시금석이라 할 수 있다.

로봇세 도입 쟁점

로봇세 도입은 그 취지와 필요성에도 불구하고, 제도화 과정에서는 다양한 현실적 쟁점에 직면하게 된다. 먼저 가장 본질적인 질문은 '무엇에 세금을 부과할 것인가'다. 모든 자동화 장비에 과세할 것인지, 혹은 AI를 탑재한 자율 로봇만을 대상으로 삼을 것인지에 대한 기준 설정이 필요하다. 예를 들어, 기계식 엘리베이터, 산업용 로봇

팔, 자동화 계산기, 배송 로봇은 각기 다른 수준의 자율성과 인간 대체 정도를 가진다. 따라서 로봇의 정의 자체가 모호한 상태에서는 과세 대상의 경계 설정이 현실적 어려움을 수반한다(Zhang, 2019).

다음으로 중요한 쟁점은 과세 표준의 설정이다. 로봇이 대체한 노동자의 평균 임금을 기준으로 가상의 소득을 산정할 것인지, 아니면 로봇이 창출한 부가 가치 또는 총생산량을 기준으로 할 것인지에 따라 과세 방식이 달라진다. 일부 연구에서는 로봇이 대체한 노동 시간을 정량화하여 이에 상응하는 소득세를 환산한 뒤 세액을 산정하는 방식이 논의되고 있으며, 또 다른 연구에서는 기업의 자동화 지수 또는 로봇 도입률을 기반으로 점진적 누진세를 적용하는 모델도 제시되고 있다.

세율 설계 역시 정책적 설득력과 실현 가능성의 핵심 요소다. Gasteiger & Prettner(2017)는 세율이 과도할 경우 기술 발전을 저해하고, 글로벌 기업의 탈 조세를 유도할 수 있음을 경고한다. 따라서 로봇세는 생산성 향상에 대한 보상을 인정하면서도 사회적 연대를 위한 최소한의 분담을 요청하는 절충적 성격을 가져야 하며, 고정비 성격보다는 소득 대비 탄력적인 구조가 바람직하다.

또한, 납세 의무자 설정도 중요하다. 로봇에게 직접

과세한다는 발상은 개념적으로는 흥미롭지만, 법적 주체성과 과세 집행 가능성 측면에서 현실성이 떨어진다. 현재로서는 로봇을 활용하여 이윤을 창출하는 기업을 납세 의무자로 설정하는 것이 일반적이며, Oberson (2019)도 이 점을 강조하였다. 특히 일정 규모 이상의 법인을 대상으로 차등 적용하는 방식은 행정적 효율성과 형평성 측면에서 고려해 볼 수 있다.

결국 로봇세는 단순한 세제 개편이 아니라, 인간과 기술의 관계를 새롭게 정의하고, 디지털 자본주의 시대의 공정한 사회 계약을 설계하는 과정이다. 기술이 진보하는 만큼, 사회적 안전망도 함께 진화해야 하며, 로봇세는 그 변화의 첫걸음이 될 수 있다. 향후 로봇세의 성공 여부는 사회적 합의, 제도 설계의 정밀성, 그리고 정치적 의지에 달려 있으며, 우리는 지금 그 선택의 갈림길에 서 있다.

참고문헌

Gasteiger, E. & Prettner, K.(2017). A note on automation, stagnation, and the implications of a robot tax. *Economics Bulletin, 37*(1), pp.476~483. https://refubium.fu-berlin.de/bitstream/handle/fub188/22056/discpaper2017_17.pdf;jsessionid=96E2C6563

487D048D93C0DE382194E0E?sequence=1

Oberson, X. (2019). *Taxing Robots.* Edward Elgar Publishing.

Paul-Choudhury, S.(2017). A robot tax is only the beginning. *New Scientist, 233*(3115), p.25. https://dialnet.unirioja.es/servlet/articulo?codigo=6509360

Zhang, P.(2019). Automation, wage inequality and implications of a robot tax. *International Review of Economics & Finance, 59*, pp.500~509. https://www.sciencedirect.com/science/article/abs/pii/S1059056018307251

02
로봇세 도입 배경과 필요성

로봇세 도입 논의는 4차 산업 혁명의 가속화와 함께 기술 변화가 노동 시장과 조세 제도에 미치는 근본적 영향을 배경으로 한다. 자동화와 AI의 발전은 생산성을 높이는 동시에 일자리 감소와 소득 불평등 심화를 초래하며 기존 조세 체계의 지속 가능성에도 도전하고 있다. 이러한 변화 속에서 로봇세가 왜 필요한지, 그리고 노동 시장 변화와 조세 정책의 한계가 어떻게 로봇세 논의로 이어지고 있는지를 살펴본다.

AI와 MBTI?

로봇이 노동 시장에 미치는 영향

4차 산업 혁명은 기존 산업 구조와 노동 시장의 작동 원리를 근본적으로 흔들고 있다. 특히 AI, 로봇 공학, 사물인터넷, 자동화 시스템 등의 기술이 빠른 속도로 확산되며, 인간의 노동력이 수행해 오던 많은 역할이 기술로 대체되고 있다. 이 같은 현상은 제조업뿐만 아니라, 물류, 유통, 금융, 의료, 교육, 행정 등 거의 모든 분야에서 관찰되고 있으며, 그 속도와 범위는 과거 산업 혁명 시기보다 훨씬 광범위하고 빠르다.

예를 들어, 제조업 분야에서는 스마트 팩토리 기술을 통해 제품 생산의 전 과정이 자동화되고 있으며, 물류 산업에서는 자동화 창고와 자율 주행 배송 로봇이 인간 인력을 점차 대체하고 있다. 금융 산업에서는 AI 알고리즘이 대출 심사, 투자 자문, 리스크 관리 업무를 수행하고 있고, 의료 분야에서는 로봇 수술, 진단 보조 시스템이 인간 의사의 역할 일부를 대체하고 있다. 이처럼 기술이 침투하는 영역이 광범위해짐에 따라, 노동 시장은 구조적 불안을 겪고 있다.

Zhang(2019)은 기술 발전이 자본-노동 대체 탄력성(capital-labor elasticity of substitution)을 증가시킨다고 분석하며, 이로 인해 고용과 임금 구조의 변화가 불가피

함을 경고한다. 자동화 기술이 발전할수록 기업은 동일한 생산량을 더 적은 인력으로 달성할 수 있게 되고, 결과적으로 중간 숙련 노동자(semi-skilled workers)의 고용은 감소한다. 이는 단기적인 실업을 넘어, 중장기적으로 노동 소득 정체 및 자본 소득 집중 현상을 심화하며, 사회 전반의 소득 불균형을 확대한다.

Gasteiger & Prettner(2017)는 이러한 문제를 수리 경제 모형으로 분석하며, 자동화는 전체 경제의 효율성을 높이는 한편, 고용을 줄이고 사회적 불안을 증가시킬 수 있다고 주장한다. 이들은 로봇세가 일정 수준에서 실업률 상승을 억제하고, 기술 변화에 따른 사회적 충격을 완화할 수 있는 보완 정책으로 기능할 수 있음을 지적한다. 즉, 로봇세는 단순한 세수 확보 수단이 아니라, 기술 도입의 외부 효과를 조정하고 사회적 비용을 내부화하기 위한 정책 수단으로 이해되어야 한다.

한편 Kovacev(2020)은 로봇세 논의의 핵심은 기술의 경제적 파급력뿐만 아니라, 사회적 안정성과 공동체 유지라는 보다 광범위한 가치에 있다고 강조한다. 그는 AI와 로봇 기술이 급격히 확산됨에 따라, 전통적인 일자리의 붕괴와 새로운 직무의 등장 간의 속도 차이로 인해 '기술적 실업(technological unemployment)'이 심화될 수 있으며, 이로 인해 계층 간 갈등, 세대 간 분열, 지역 간 격차가 증대될 가능성을 경고한다. 이는 단지 경제학의 문제가 아니라, 사회학적 안정성, 정치적 통합력, 민주주의의 지속 가능성까지 영향을 미치는 중대한 이슈라는 것이다.

이러한 관점에서 로봇세는 노동 시장의 불안정성에 대응하고, 실업자에 대한 재교육, 복지 지출 증가에 필요한 재원을 마련함과 동시에 기술 도입으로 인한 이익이 특정 계층에 편중되는 현상을 완화하는 수단으로서 의미를 가진다. 특히 단기 실업뿐만 아니라 '구조적 실업'과 '기술 불평등'이라는 장기적 문제에 대한 제도적 대응이라는 점에서 더욱 중요하다. 고용의 패러다임이 변화하는 시대에, 로봇세는 인간 중심의 경제 질서를 유지하고 조정할 수 있는 정책적 기초를 제공할 수 있다.

조세 체계의 한계

현재의 조세 체계는 근로 소득세, 법인세, 자본 소득세를 축으로 구성되어 있으며, 그 기저에는 '인간 노동을 통한 소득 창출'을 조세의 주요 과세 기반으로 삼고 있다. 하지만 4차 산업 혁명의 확산은 이러한 조세 기반의 전제를 흔들고 있다. 자동화와 AI 기술의 보편화는 생산 과정에서 인간 노동의 비중을 줄이고 있으며, 이는 곧 근로 소득세 기반의 약화를 의미한다.

이와 동시에 기술 발전에 따른 실업 증가와 소득 불평 등의 확대는 복지 지출 수요를 늘리는 구조적 압력으로 작용한다. 즉, 세입은 줄고 세출은 늘어나는 이중 압박 구조가 형성되고 있는 것이다. 이 같은 문제는 단순한 경기 변동에 따른 일시적 현상이 아니라, 조세 체계 전반의 지속 가능성을 위협하는 구조적 문제로 인식되어야 한다(Oberson, 2019).

Oberson(2019)은 기존의 납세 능력(ability-to-pay) 개념이 노동자의 소득이나 기업의 수익 중심으로 정의되어 온 것이 문제라고 지적한다. 그는 이제는 로봇이나 알고리즘도 자율적으로 생산성을 창출하고 부가 가치를 만들어 내는 주체로 간주되어야 하며, 이들이 창출한 가치를 과세 대상으로 포함시켜야 한다고 주장한다. 즉, '기계에 의한 가치 창출'이 실질적 세원이 되는 것이다. 이러한 관점은 기존의 조세 정의를 재해석하고 확장하는 시도로, 로봇세는 바로 그 새로운 조세 철학의 출발점이 된다.

Paul-Choudhury(2017)는 더 나아가 로봇세 논의는 단순한 세제 논의가 아니라, 조세 정의와 기술 윤리를 포괄하는 철학적 재정립 과정이라고 주장한다. 그는 기술이 인간 노동을 대체하는 사회에서, '공정한 과세'란 무엇인가에 대한 근본적인 질문을 던져야 한다고 강조한다. 이는 기술이 만들어 내는 부가 일부 계층에 집중되는 것을 방지하고, 그 부가 사회 전체에 재분배될 수 있도록 유도하는 것이며, 결국 지속 가능한 성장과 복지 국가의 기반을 유지하는 데 핵심적인 역할을 하게 된다.

Erdoğdu & Karaca(2017)는 4차 산업 혁명이 노동 시장과 조세 제도에 심대한 변화를 가져올 것이며, 이에 대응하기 위한 새로운 조세 정책의 개발이 시급하다고 지적한다. 이들은 특히 중장기적으로 디지털 경제와 자동화가 기존 조세 시스템의 근간을 약화할 가능성을 경고하면서, 로봇세를 포함한 '디지털세(tech tax)' 및 'AI세'와 같은 새로운 과세 모형 개발이 국가 간 협력과 조율을 통해 추진되어야 한다고 주장한다.

이처럼 로봇세는 단순히 미래 세수 확보 수단을 넘어, 기술 진보에 따른 조세 정의의 재정립과 경제 시스템의 지속 가능성을 위한 정책적 조응으로 자리매김하고 있다. 특히 기존 조세 체계의 '노동 중심 구조'가 무너지고 있는 현실에서, 로봇세는 '기술 중심 생산성'에 대한 과세를 통해 재정 기반을 복원하고, 사회적 연대를 유지할 수 있는 도구로 기능할 수 있다.

따라서 로봇세 논의는 조세 정의의 문제를 넘어, 복지국가 모델의 재설계, 기술과 인간의 공존을 위한 윤리적 틀, 그리고 사회적 지속 가능성을 위한 제도적 대응 전략의 핵심에 해당한다. 앞으로의 조세 제도는 '사람이 일해서 버는 세금'에서 '기계가 만들어 낸 가치를 과세하는 세금'으로의 전환을 요구받고 있으며, 로봇세는 그 과도기에 핵심적인 교량 역할을 할 것이다.

참고문헌

Erdoğdu, M. M. & Karaca, C.(2017). The fourth industrial revolution and a possible robot tax. *Institutions & Economic Policies: Effects on Social Justice, Employment, Environmental Protection & Growth*, pp.103~122.

Gasteiger, E. & Prettner, K.(2017). A note on automation, stagnation, and the implications of a robot tax. *Economics Bulletin, 37*(1), pp.476~483. https://refubium.fu-berlin.de/bitstream/handle/fub188/22056/discpaper2017_17.pdf;jsessionid=96E2C6563487D048D93C0DE382194E0E?sequence=1

Kovacev, R.(2020). A Taxing Dilemma: Robot Taxes and the Challenges of Effective Taxation of AI, Automation and Robotics in the Fourth Industrial Revolution. *The Ohio State Technology Law Journal, 16*, pp.182~217.

Oberson, X. (2019). *Taxing Robots*. Edward Elgar Publishing.

Paul-Choudhury, S.(2017). A robot tax is only the beginning. *New Scientist, 233*(3115), p.25. https://dialnet.unirioja.es/servlet/articulo?codigo=6509360

Zhang, P.(2019). Automation, wage inequality and implications of a robot tax. *International Review of Economics & Finance, 59*, pp.500~509. https://www.sciencedirect.com/science/article/abs/pii/S1059056018307251

03
로봇세의 법적 정의와 과세 대상

로봇세 제도의 핵심적 전제는 과세 대상인 '로봇'의 정의와 범위를 어떻게 설정할 것인가에 있다. 기술 발전 속에서 물리적 로봇뿐 아니라 소프트웨어 기반 자동화 시스템까지 포함할 필요성이 제기되며, 과세 주체와 과세 표준을 둘러싼 법적 · 실무적 논의가 활발히 전개되고 있다. 본 장에서는 로봇의 법적 정의, 납세 의무자 설정, 과세 표준 산정 방식, 그리고 과세 범위 확장 가능성 등을 체계적으로 검토한다.

로봇의 법적 정의

로봇세를 제도적으로 도입하기 위해 가장 선행되어야 할 작업은 과세 대상이 되는 '로봇(robot)'의 법적 정의를 명확히 확립하는 것이다. 현재까지 국제적으로 통일된 로봇의 법적 정의는 존재하지 않으며, 국가별 · 분야별로 상이한 기준이 적용되고 있다. 일반적으로 로봇은 센서(sensor), AI, 자율성(autonomy), 작동기(actuator)를 갖추고, 일정한 물리적 형태를 통해 환경과 상호 작용할 수 있는 기계 시스템으로 이해된다(Vishnevsky & Chekina, 2018).

그러나 로봇세 도입이라는 조세법적 맥락에서는 이러한 기술적 정의만으로는 과세 대상의 경계를 명확히 규정하기 어렵다. 특히 최근에는 물리적 기계 장치 없이도 사람의 업무를 대체하거나 강화하는 소프트웨어 기반의 AI 시스템(예: RPA, 챗봇, 알고리즘 거래 시스템 등)이 점차 확산되고 있는 상황이다. Oberson(2017)은 이에 따라 조세의 정의에서는 물리적 로봇뿐만 아니라 비물리적 로봇, 즉 소프트웨어 기반 자동화 시스템도 포괄하는 기능 중심적 정의가 필요하다고 주장한다.

Popovič & Sabo(2022)는 로봇세 입법에서 가장 큰 장애 요소가 바로 로봇 개념의 모호성이라고 강조한다.

그들은 "로봇이란 인간의 노동을 대체하거나 보완하는 자동화된 시스템"이라고 정의하면서, 조세 입법에서는 이 기능적 특성에 따라 법적 책임과 과세 범위를 설정해야 한다고 제안하였다. 이 정의는 '하드웨어 기반의 기계'라는 전통적 인식을 넘어, 로봇의 작용이 실제로 사람의 노동을 대체하는가를 중심으로 과세 여부를 판단해야 함을 의미한다.

이러한 정의는 기술의 진화에 따른 조세 회피 가능성을 최소화하고, 형평성 있는 조세 부과를 실현하기 위해 반드시 고려되어야 한다. 예컨대, 자율 주행 트럭, 무인 공장 내 로봇 팔, 금융사 알고리즘 트레이딩 시스템 등은 형태는 다르지만 모두 인간 노동을 상당 부분 대체한다. 따라서 로봇세의 정의는 기술적 · 형태적 요소뿐 아니라 기능적 · 경제적 효과를 중심으로 재설계되어야 하며, 이는 법률가와 기술 전문가, 조세 행정가 간의 협업이 요구되는 영역이다.

과세 대상: 누구에게 세금을 부과할 것인가?

로봇세의 실질적 적용을 위해서는 과세 대상자, 즉 '누가 로봇세를 납부할 것인가'에 대한 제도적 설계가 필요하다. 이와 관련해 크게 두 가지 접근법이 논의되고 있다.

사용자 중심 과세(User-based Taxation)

다수의 연구자와 정책가는 로봇의 직접적 사용자, 즉 로봇을 소유하거나 활용하여 생산성을 높이고 이윤을 창출하는 주체인 기업 또는 사업자를 납세 의무자로 설정해야 한다는 입장을 취한다. Abbott & Bogenschneider (2018)는 로봇의 사용으로 인해 기업은 생산 비용을 절감하고 수익을 극대화하지만, 사회 전체적으로는 고용 감소와 소득세 기반 약화를 유발하는 외부 효과가 발생한다고 지적한다. 따라서 이러한 외부 효과를 보정하는 의미에서, 로봇 사용자에게 추가적인 세금을 부과함으로써 사회적 책임 분담(social responsibility)을 유도할 수 있다는 것이다.

이 방식은 현실적으로 가장 실행 가능성이 높다. 기업은 법적으로 납세 의무를 이미 지고 있으며, 로봇 사용 규모나 고용 대체율을 기준으로 과세액을 산정할 수 있는 기반 자료도 상대적으로 확보하기 용이하다. 특히 산업별로 로봇 밀도(robot density)나 자동화율을 기준으로 납세 범위와 강도를 차등화할 수 있는 유연한 설계도 가능하다.

로봇 자체의 과세 주체화(Robot as Taxpayer)

반면 Oberson(2017)은 한 걸음 더 나아가 로봇 그 자체에 법인격을 부여하여 독립적인 납세 의무 주체로 간주하는 방안을 제시하였다. 이는 로봇이 독립적인 소득 창출 능력을 갖는 존재로서, 인간이나 기업과 마찬가지로 조세 의무를 질 수 있다는 급진적인 시도다. 그는 로봇이 독립된 경제 주체로서 거래, 계약, 생산 활동을 수행할 수 있는 수준에 도달할 경우, 조세법에서도 이를 하나의 납세 단위로 인정해야 한다고 본다.

그러나 현실적으로 현재의 로봇 기술은 자율성은 있으나 법적 권리 능력이나 재산 귀속 능력을 보유하지 못하고 있다. 또한 법률적으로 로봇에게 의무를 부여할 경우, 그 책임 귀속의 주체가 불명확해지는 문제가 발생한다. 따라서 로봇 자체를 독립적 납세자로 보는 관점은 윤리적 철학과 미래 기술 사회 논의에는 유용하지만, 현행 조세 시스템에 즉각 반영하기에는 상당한 기술적 · 법적 한계가 존재한다.

따라서 대부분의 실증 연구에서는 로봇 사용자 과세 방식이 보다 현실적인 대안으로 평가되고 있으며, 추후 기술 발전에 따라 로봇 주체 과세 여부는 단계적으로 검토될 필요가 있다는 중립적 입장이 확산되고 있다.

과세 표준 설정의 문제

로봇세 제도 설계에서 가장 실질적이면서도 논쟁적인 쟁점은 바로 과세 표준(tax base) 설정이다. 즉, 로봇에게 부과할 세금의 기준이 무엇이 되어야 하는가에 대한 문제다.

Kovacev(2020)는 로봇세의 실질적 목적이 로봇이 대체한 인간 노동의 경제적 가치를 회복하는 것에 있다고 보았다. 이에 따라 그는 평균 임금, 직무 분류별 표준 임금(reference salary), 근로 시간 등을 조합하여 로봇이 대체한 노동력의 잠재적 소득을 추정하고, 이를 과세 표준으로 삼는 방식을 제안하였다. 이 방식은 비교적 간단한 산식으로 적용 가능하지만, 노동의 질적 측면(창의성, 감성 노동 등)은 반영이 어렵다는 한계를 가진다.

한편 Barros(2019)는 로봇의 경제적 기여도(economic contribution)를 계량화하는 정교한 지표 개발이 우선되어야 한다고 주장한다. 그는 기계의 생산량, 효율성, 유지 관리 비용, 인간 대비 단위 시간당 생산성과 같은 정량적 데이터 기반의 조세 모형을 제안하며, 이는 보다 객관적이고 기술 중립적인 과세 기반 형성이 가능하다고 본다.

실무적으로는 이 두 방식을 병합한 혼합 모형(hybrid

model)이 현실적인 대안이 될 수 있다. 예컨대 로봇이 수행하는 작업의 속성(물류, 생산, 서비스 등)과 노동력 대체율을 기준으로 일정한 가중치를 부여하고, 해당 산업의 평균 임금을 기반으로 세액을 산정하는 방식이다. 이는 직무별 로봇세율을 차등 적용할 수 있어 형평성과 정책 유연성을 동시에 확보할 수 있다는 장점이 있다.

과세 대상의 확장 가능성

로봇세의 정책 실효성을 담보하기 위해서는 과세 대상의 범위를 기술 변화에 따라 유연하게 확장할 수 있는 구조가 요구된다. 초기에는 산업용 로봇이나 서비스 로봇처럼 물리적 형태가 있는 기계 장치에 초점을 맞추는 것이 일반적이지만, 기술 발전은 로봇의 개념을 점점 더 소프트웨어 중심으로 전환시키고 있다.

Englisch(2018)는 이와 관련해 협의의 로봇 정의만을 적용할 경우 조세 누락(tax leakage)과 기술 회피 전략이 증가할 수 있음을 경고한다. 예컨대 물리적 로봇이 아닌 알고리즘 기반 자동화 시스템, 챗봇, 로보틱 프로세스 자동화(Robotic Process Automation, RPA), 무인 결제 키오스크, 자율 주행 차량 등은 인간의 역할을 대체함에도 과세 대상에서 제외될 가능성이 크다.

따라서 로봇세는 '형태'가 아니라 '기능' 중심으로 과세 대상을 확장해야 하며, 특히 플랫폼 기반 서비스, 디지털 자동화 소프트웨어, 클라우드 기반 AI 시스템 등도 포괄하는 유연한 과세 구조가 필요하다. 또한 국가 간 과세 기준이 상이할 경우, 기업은 법률 회피를 위해 기술을 특정 형태로 설계하거나, 조세가 낮은 국가로 자동화 투자를 이동시킬 수 있으므로, 과세 대상을 정의하는 국제적 공조 또한 중요한 쟁점으로 떠오르고 있다.

참고문헌

Abbott, R. & Bogenschneider, B.(2018). Should Robots Pay Taxes? Tax Policy in the Age of Automation. *Harvard Law & Policy Review, 12*, pp.145~175. DOI: 10.2139/ssrn.2932483.

Barros, M.(2019). Robots and Tax Reform: Context, Issues and Future Perspectives. *International Tax Studies, 2*

Englisch, J.(2018). Digitalisation and the Future of National Tax Systems: Taxing Robots?. DOI: 10.2139/ssrn.3244670.

Kovacev, R.(2020). A Taxing Dilemma: Robot Taxes and the Challenges of Effective Taxation of AI, Automation and Robotics in the Fourth Industrial Revolution. *The Ohio State Technology Law Journal, 16*, pp.182~217.

Oberson, X. (2017). Taxing robots? From the emergence of an electronic ability to pay to a tax on robots or the use of robots. *World Tax J., 247.*

Popovič, A. & Sabo, J.(2022). Taxation of robots and AI – problem of definition. *Financial Law Review, 6*(1), pp.25~45. https://czasopisma.bg.ug.edu.pl/index.php/flr/article/view/6974

Vishnevsky, V. P. & Chekina, V. D.(2018). Robot vs. tax inspector or how the fourth industrial revolution will change the tax system: a review of problems and solutions. *Journal of Tax Reform, 4*, pp.6~26. DOI: 10.15826/jtr.2018.4.1.042.

04
로봇세 도입 찬반 논쟁

로봇세 도입을 둘러싼 논쟁은 자동화 확산 속에서 조세 정의와 기술 혁신 간 균형을 어떻게 설정할 것인가를 중심으로 전개되고 있다. 로봇세 도입을 둘러싼 찬반 양측의 주요 논거를 살펴보고, 정책적 쟁점을 체계적으로 정리한다.

AI와 사주?

로봇세 도입 찬성 의견

로봇세 도입을 지지하는 입장은 주로 조세 형평성 회복, 자동화로 인한 구조적 실업 대응, 그리고 장기적인 재정 지속 가능성 확보라는 세 가지 주요 논거에 기반하고 있다. 이러한 주장은 기술 발전이 초래하는 사회적 비용을 공동체 전체가 분담하는 방향으로 조세 구조를 재편하고자 하는 철학에 뿌리를 두고 있으며, 자동화와 AI의 확산이 가져올 경제·사회적 불균형을 조세 정책을 통해 완충하고자 한다는 점에서 의미가 있다.

조세 형평성 회복

첫째, 조세 형평성 확보의 측면에서 로봇세는 디지털 시대의 새로운 조세 정의 실현을 위한 핵심 도구로 간주된다. Zhang(2019)은 자동화가 인간 노동을 점점 더 대체하면서 소득세나 사회 보험료와 같은 전통적인 조세 기반이 약화되고 있음을 지적하였다. 실제로 인력 감축으로 인해 줄어든 노동 소득 세수는 공공재와 사회 복지 지출에 타격을 주고 있으며, 이는 궁극적으로 조세의 수직적·수평적 형평성을 훼손하는 결과로 이어지고 있다.

Oberson(2017)은 이러한 문제에 대응하기 위해 로봇세를 도입함으로써 로봇이 창출한 부가 가치에도 과세

함으로써 조세 정의를 실현할 수 있다고 주장한다. 기업은 로봇을 통해 더 높은 생산성과 이익을 창출하지만, 기존 세법은 이를 제대로 반영하지 못하고 있기 때문에, 로봇세는 조세 체계의 '자동화 시대 적응'을 위한 구조적 개편으로서 의미를 가진다. 즉, 이는 단순한 재정 확보가 아니라 조세 정의와 기여의 정당성을 회복하는 제도적 장치로 간주될 수 있다.

구조적 실업 대응 및 사회 안전망 확충

둘째, 자동화로 인한 구조적 실업과 일자리 상실 문제에 대응하기 위한 재원 마련 수단으로 로봇세의 역할이 강조되고 있다. Abbott & Bogenschneider(2018)는 로봇 도입이 반복적 · 중간 숙련직을 대체하면서 상당수의 노동자들이 실직 위험에 직면하게 된다고 분석하였다. 특히 저소득층 및 교육 수준이 낮은 계층일수록 대체 가능성이 높은 직무에 종사하고 있기 때문에, 자동화는 단순한 경제 구조 변화가 아니라 사회 계층 간 불평등을 심화시키는 요인으로 작용할 수 있다.

이러한 상황에서 로봇세는 실업자에 대한 직업 재교육, 복지 지원, 고용 전환 프로그램 운영에 필요한 공공 재원을 확보하는 현실적 수단으로 평가된다. 다시 말해,

기술 진보로 인해 발생한 사회적 비용을 로봇세 수입을 통해 완충함으로써, 기술 발전과 사회적 안정 간 균형을 추구할 수 있는 정책 도구로 기능하는 것이다. 로봇세는 기술 진보의 수혜자(기업 및 자본)가 사회 전체의 안정성 유지를 위한 책임을 분담하게 하는 재분배적 성격을 띤다.

공공재정의 지속 가능성 확보

셋째, 정부 재정의 장기적 지속 가능성 측면에서도 로봇세는 긍정적인 기여가 가능하다는 견해가 많다. Gasteiger & Prettner(2017)는 자동화 기술이 확산되면 노동 소득 기반 조세 수입이 구조적으로 감소하면서 재정의 불균형이 심화할 것이라 경고하였다. 특히 고령화 사회가 심화하는 상황에서 복지 지출은 증가하는 반면, 조세 기반은 약화하는 이중 압력이 가해질 수 있으며, 이는 장기적으로 정부의 재정 운용 능력을 위협하게 된다.

로봇세는 이러한 세수 공백을 메우는 보완적 재정 기반으로 작용할 수 있다. 자동화를 통해 창출되는 생산성 향상과 기업 이익의 일정 비율을 조세로 회수함으로써, 재정의 안정성과 지속 가능성을 확보하는 데 중요한 역할을 할 수 있다. 이는 단기적인 세수 확보를 넘어, 구조적 세입 기반의 다변화 전략으로서 로봇세를 평가해야 한다는 함의를 제공한다.

로봇세 도입 반대 의견

로봇세에 대한 비판적 입장은 기술 발전 저해 가능성, 과세 기준의 모호성, 이중 과세 우려 등의 논거를 중심으로 전개된다. 이러한 논의는 로봇세가 단순히 세수 확보 수단으로 작동하는 데 그치지 않고, 오히려 기술 혁신과 기업 경쟁력에 부정적 영향을 미칠 수 있다는 점에서 그 제도 설계에 신중함을 요구한다.

기술 혁신 저해 및 경쟁력 약화

첫째, 로봇세는 기술 발전의 속도를 저하할 수 있는 위험 요소로 지적된다. Paul-Choudhury(2017)는 로봇세 도입이 자동화에 대한 추가적 비용을 발생시키기 때문에, 특히 기술 도입에 민감한 중소기업이나 제조업체들이 혁신 투자에 소극적 태도를 보일 수 있다고 경고하였다. 로봇 도입 초기 비용 자체가 상당히 크고, 여기에 추가적인 조세 부담이 가중되면 기술 수용성(adoption rate)이 현저히 저하될 가능성이 높다는 것이다.

이는 국가 간 기술 격차로도 이어질 수 있다. 글로벌

경쟁 체제 속에서 특정 국가가 로봇세를 도입하더라도, 기술 개발 및 자동화에 우호적인 타 국가로 생산 시설이 이전될 수 있으며, 이는 산업 공백 및 고용 유출이라는 역효과를 유발할 수 있다. 특히 디지털 전환의 초기 단계에 있는 중소 규모 산업군에는 로봇세가 진입 장벽으로 작용할 수 있으며, 결국 국가 전체의 생산성 향상 속도에 악영향을 미칠 수 있다.

과세 기준의 불분명성과 행정적 복잡성

둘째, 로봇세의 실질적 실행을 가로막는 가장 큰 장애물 중 하나는 바로 과세 기준의 모호성이다. Popovič & Sabo(2022)는 로봇세를 제도화하기 위해서는 로봇과 비로봇, 단순 자동화 장비와 AI 기반 시스템 간의 경계를 명확히 해야 한다고 지적한다. 그러나 기술적 경계가 점점 흐려지고 있는 현실에서, 이러한 구분 자체가 실무적으로 불가능에 가깝다는 비판도 존재한다.

예컨대, 단순한 엘리베이터 시스템, 무인 자동화 창고 시스템, 알고리즘 기반 소프트웨어, 챗봇 등은 모두 일정 수준의 자동화 기능을 수행하지만, 이를 어디까지 과세 대상으로 설정할 것인지에 대한 명확한 기준이 부재하다. 이러한 모호성은 세무 행정의 일관성과 공정성을 훼손할 뿐 아니라, 기업에도 규제 불확실성을 유발해 의사 결정에 혼란을 초래할 수 있다.

이중 과세 문제

셋째, 로봇세는 조세 중복과 이중 과세(double taxation) 문제를 야기할 수 있다. 이미 대부분의 기업은 법인세를 통해 기업 소득에 대해 세금을 납부하고 있으며, 로봇을 통해 창출된 이익 역시 일정 부분 기존 조세 체계에 포함되어 있다. Englisch(2018)는 여기에 추가로 로봇 자체에 세금을 부과할 경우, 동일한 소득 또는 생산 활동에 대해 중복적으로 세금을 매기게 되어 세금의 경제적 왜곡을 초래할 수 있다고 경고하였다.

특히 생산성과 효율성을 중시하는 현대 경제 환경에서 이중 과세 구조는 기업의 자본 배분 왜곡, 투자 회피, 회계상의 조세 회피 전략으로 이어질 수 있으며, 이는 전체 경제 효율성을 떨어뜨릴 수 있는 비효율적 조세 설계가 된다.

균형적 시각과 정책적 과제

로봇세의 도입 여부는 단순히 조세 기술의 문제가 아니라, 기술 혁신을 어떤 방향으로 수용하고 통제할 것인가에 대한 국가의 철학과 정책적 우선순위에 의해 결정된다. 자동화와 AI 기반 기술의 확산은 이미 세계적이고 불가역적인 구조적 흐름이며, 이에 대한 대응은 단순히 이를 억제하거나 저지하는 방식이 아니라, 새로운 기술 환경 속에서 보다 공정하고 지속 가능한 사회를 구현하기 위한 조정과 통합의 방식이어야 한다. 이와 같은 관점에서 조세 정책은 기술 발전의 속도를 늦추는 제약이 아니라, 그 혜택이 특정 계층에만 집중되지 않도록 분배적 형평성과 사회적 연대를 보완하는 도구로 기능해야 한다.

이를 위해 로봇세의 정책적 설계는 몇 가지 핵심적인 요건을 충족해야 한다. 첫째, 기술 혁신의 동력을 훼손하지 않으면서도 자동화로 인해 발생하는 사회적 비용을 일정 부분 상쇄할 수 있는 중립적이고 유연한 조세 구조가 요구된다. 이는 로봇 도입을 무조건 억제하는 방식이 아니라, 그로 인한 사회적 영향에 대한 균형 잡힌 조정 메커니즘을 마련하는 것을 의미한다.

둘째, 조세 적용의 기술적 · 법적 정당성을 확보하기 위해서는 로봇과 기타 자동화 기술의 정의 및 분류 기준에 대한 명확한 규범 정립이 필요하다. 현재 기술의 빠른 발전 속도에 비해 조세 행정은 상대적으로 정태적이기 때문에, 조세 대상 기술에 대한 법적 · 기술적 분류 체계를 사전에 정립하고 이를 유연하게 갱신할 수 있는 제도적 기반을 마련해야 한다.

셋째, 로봇세를 둘러싼 가장 큰 실무적 장애 중 하나인 조세 회피 가능성과 이중 과세 문제를 방지하기 위해, 정교한 세무 행정 체계가 뒷받침되어야 한다. 이는 기업의 부담을 과도하게 늘리지 않으면서도 과세의 일관성과 공정성을 확보할 수 있는 시스템 설계를 요구한다.

마지막으로, 로봇세 수입이 단순히 일반 재정에 흡수되는 것이 아니라, 실업자 재교육, 사회 복지 확충, 디지털 포용 정책 등 명확한 정책 목적에 따라 사용될 수 있도록 용도를 지정하고, 그 집행 과정에 대한 투명성과 책임성을 강화하는 것이 필요하다. 이러한 사용 목적의 명확화는 로봇세에 대한 사회적 정당성과 수용성을 높이는 데 중요한 역할을 할 수 있다.

결론적으로, 이러한 요건들이 충족되는 경우에만 로봇세는 기술 혁신을 억제하는 징벌적 조세가 아니라, 디지털 전환 시대에 사회 전체의 통합을 도모하고 공정한 가치 재분배를 실현하는 사회 통합형 조세 정책으로서 실질적인 기여를 할 수 있을 것이다.

참고문헌

Abbott, R. & Bogenschneider, B.(2018). Should Robots Pay Taxes? Tax Policy in the Age of Automation. *Harvard Law & Policy Review, 12*, pp.145~175. DOI: 10.2139/ssrn.2932483.

Englisch, J.(2018). Digitalisation and the Future of National Tax Systems: Taxing Robots?. DOI: 10.2139/ssrn.3244670.

Gasteiger, E. & Prettner, K.(2017). A note on automation, stagnation, and the implications of a robot tax. *Economics Bulletin, 37*(1), pp.476~483. https://refubium.fu-berlin.de/bitstream/handle/fub188/22056/discpaper2017_17.pdf;jsessionid=96E2C6563487D048D93C0DE382194E0E?sequence=1

Oberson, X.(2017). Taxing Robots? From the Emergence of an Electronic Ability to Pay to a Tax on Robots or the Use of Robots. *World Tax Journal, 247.*

Paul-Choudhury, S.(2017). A robot tax is only the beginning. *New Scientist, 233*(3115), p.25. https://dialnet.unirioja.es/servlet/articulo?codigo=6509360

Popovič, A. & Sabo, J.(2022). Taxation of robots and AI-problem of definition. *Financial Law Review, 6*(1), pp.25~45. https://czasopisma.bg.ug.edu.pl/index.php/flr/article/view/6974

Zhang, P.(2019). Automation, wage inequality and implications of a robot tax. *International Review of Economics & Finance, 59*, pp.500~509. https://www.sciencedirect.com/science/article/abs/pii/S1059056018307251

05
해외 로봇세 관련 논의와 사례

로봇세에 대한 국제적 논의는 국가별 경제 구조와 정책 우선순위에 따라 상이하게 전개되고 있다. 유럽 연합, 미국, 한국 등 주요국은 각기 다른 접근 방식을 취하고 있으며, 일본, 남아프리카공화국, 브라질 등에서도 관련 논의가 확산되고 있다. 이러한 해외 주요 사례를 비교 · 검토한다.

AI와 아이돌?

유럽 연합

유럽 연합(EU)은 로봇세 도입 문제를 세계에서 가장 이른 시기에 공식적인 의제로 다룬 지역 중 하나다. 특히 2017년 유럽 의회는 Mady Delvaux가 작성한 보고서를 바탕으로, 로봇의 빠른 확산이 고용 시장과 조세 제도에 미치는 영향을 심층적으로 분석하였다. 이 보고서에서는 로봇이 인간 노동을 대규모로 대체할 경우, 감소하는 근로 소득세 수입과 늘어나는 복지 지출 사이의 격차를 메우기 위한 방안으로 '로봇세'의 도입을 제안하였다. Delvaux 보고서는 로봇세가 기술 발전의 수혜를 사회 전체로 분배하는 데 중요한 정책 수단이 될 수 있다고 보았다(Delvaux, 2017).

그러나 유럽 의회에서는 로봇세 도입의 단기적 효과에 대한 논란, 특히 기술 혁신 저해와 기업의 글로벌 경쟁력 약화 가능성, 그리고 과세 대상인 '로봇'의 정의에 대한 불명확성 등을 이유로 결국 해당 제안은 최종 부결되었다. 이후 유럽 연합 내에서는 로봇세보다는 로봇 윤리, 알고리즘 투명성, 자율 시스템의 법적 책임 소재 등 비재정적 쟁점으로 논의가 확대되었다. 특히, 로봇이 초래할 수 있는 사회적 불평등과 노동 시장의 이중 구조 심화 문제는 여전히 주요한 정책 과제로 남아 있으며, 이에 대한 포괄적 대응 방식으로 조세 제도 개혁 논의는 간헐적으로 재점화되고 있다.

미국

미국에서는 로봇세가 정부 차원의 공식 입법으로 논의되지는 않았지만, 민간 전문가와 기업가들 사이에서는 활발한 공론의 장이 형성되었다. 특히 마이크로소프트 공동 창업자인 빌 게이츠는 2017년 한 인터뷰에서 "로봇이 대체한 일자리에서 발생하는 경제적 이익 일부를 세금으로 환수해 사회 안전망 확충에 활용해야 한다"고 주장하면서 로봇세 논의에 불을 지폈다. 그는 특히 자동화로 인해 실직하게 되는 중간계층 노동자들의 재교육, 의료 보장, 기본 소득 제도 등에 로봇세 수익을 활용하는 것이 바람직하다고 강조했다.

하지만 미국의 주요 정책 당국과 경제학계에서는 이러한 주장에 대해 비판적인 시각이 우세하다. Atkinson(2019)은 로봇세가 기업의 자동화 투자를 저해하고, 장기적으로 국가 경쟁력과 총생산성에 부정적인 영향을 줄 수 있다고 경고하였다. Mazur(2018) 역시 로봇세의 현실적 과세 기준 설정의 어려움, 그리고 과세 범위의 불명확성 등을 들어 로봇세가 실효적 정책이 되기 어렵다고 평가하였다. 이처럼 미국 내에서는 로봇세가 필요하다는 인식과 함께, 그에 따른 경제적 부작용에 대한 우려가 병존하고 있으며, 당분간은 관련 논의가 학술 및 시민 사회 중심으로 지속될 가능성이 크다.

한국

한국에서는 현재까지 로봇세가 직접적으로 법제화된 바는 없으나, 일정 부분 간접적인 형태의 정책 조정이 이루어지고 있다. 특히 2017년을 기점으로 정부는 자동화 설비 투자에 대한 조세 지원, 특히 연구 개발(R&D) 투자 세액 공제를 점진적으로 축소하였다. 이는 자동화 장비에 대한 세제 유인을 줄임으로써 사실상 로봇세와 유사한 효과를 유도한 것으로 해석된다.

국내 학계와 정책 연구 기관에서는 로봇세 도입 가능성과 그 정당성에 대한 논의가 꾸준히 이어지고 있다. 나형종(2022)은 가상 비용(imputed cost) 개념을 활용한 로봇세 과세 방식을 제시하면서, 로봇이 대체한 노동자의 평균 임금을 기준으로 조세 부과가 가능하다고 주장하였다. 김주성(2020)은 로봇세가 조세 정의 실현과 사회 안전망 강화를 위한 도구로 기능할 수 있음을 강조했으며, 박훈(2020)은 로봇세의 장기적 효과를 모형화한 경제적 시뮬레이션을 통해 일정 수준의 세율이 사회적 순편익을 극대화할 수 있다고 분석하였다.

이처럼 한국은 로봇세에 대한 입법은 없지만, 조세 정책상 간접적인 신호를 주고 있으며, 향후 본격적인 입법 논의의 기초 자료가 될 수 있는 연구들이 축적되고 있다.

일본

일본은 세계적으로 가장 적극적인 로봇 기술 수용 국가 중 하나로 평가받고 있으며, 특히 고령화와 저출산에 따른 생산 가능 인구 감소 문제를 해결하기 위한 핵심 전략으로 로봇의 보급과 활용을 국가 정책의 중요한 축으로 삼고 있다. 이러한 인구 구조적 위기를 타개하기 위한 수단으로 일본 정부는 로봇 도입에 대한 세제 혜택과 재정 지원을 강화하고 있으며, 로봇세와 같은 규제적 접근보다는 기술 촉진적 정책을 우선시하는 방향을 고수하고 있다. Pulido(2023)는 일본의 정책 방향이 단기적인 세수 확보보다는 장기적인 노동 생산성 향상과 경제 성장의 구조적 기반을 마련하는 데 초점을 두고 있다고 분석한다. 이들은 일본이 고령화로 인한 경제 활력 저하 문제를 로봇 기술을 통해 보완할 수 있다고 판단하며, 로봇세 도입은 생산성 향상이라는 정책 목표에 역행하는 요소로 간주하고 있음을 지적한다. 그 결과, 일본은 로봇세 도입 논의에서 비교적 명확한 반대 입장을 견지하고 있으며, 오히려 로봇 기술의 산업 전반 확산을 위한 제도적 장려책을 확대해 나가고 있다. 또한 일본에서는 로봇의 사회적 수용성 향상을 위한 윤리적 가이드라인 수립, 고령자 돌봄 로봇에 대한 보조금 지원 등 정책적 대응이 포괄적으로 진행 중이다.

기타 국가

남아프리카공화국은 세계적으로 실업률이 가장 높은 국가 중 하나로, 이미 구조화된 고실업 문제에 자동화와 로봇화가 추가적인 충격을 가할 가능성에 대해 우려가 제기되고 있다. 이러한 배경에서 로봇세는 일자리 상실에 따른 사회적 비용을 일정 부분 상쇄할 수 있는 재정적 수단으로 주목받고 있다. Nare(2023)는 남아프리카공화국의 노동 시장 구조가 비공식 고용 비율이 높고, 고숙련보다 저숙련 노동자에 대한 의존도가 크다는 점에서 자동화의 파급 효과가 더욱 심각할 수 있다고 지적한다. 이에 따라 로봇세는 단순한 세금 부과를 넘어서, 고용 안정과 사회 안전망 강화를 위한 정책 재원으로서 기능할 수 있다는 주장이 제기된다. 다만, Nare는 동시에 로봇세 실현을 위한 제도적 기반이 미비하다는 점도 강조한다. 구체적으로는 로봇의 법적 정의, 자동화 수준에 따른 과세 기준 설정, 세수 추정의 불확실성, 그리고 납세자 식별 및 징수 체계의 비효율성 등이 현실적 장애로 작용하고 있으며, 따라서 로봇세 도입은 신중한 제도적 검토와 체계적인 인프라 구축이 선행되어야 함을 시사한다.

브라질은 아직까지 로봇세와 관련한 공식적인 입법 논의가 활발하게 이루어지고 있지는 않지만, 자동화의 파급력과 그에 따른 노동 시장 변화 가능성에 대한 관심이 점차 고조되고 있는 국가 중 하나다. Erdoğdu & Karaca(2017)는 브라질을 포함한 다수의 신흥국들이 경제 구조상 노동 집약적 산업 비중이 높고, 사회 보장 제도가 성숙하지 않아 자동화에 따른 부정적 충격에 더욱 취약하다고 진단하였다. 특히 브라질은 소득 불평등과 지역 간 개발 격차가 심화한 상황에서, 자동화가 특정 계층과 지역에 미치는 부정적 효과가 집중될 가능성이 크기 때문에, 이에 대한 조세적 대응이 필요하다는 시각이 제기되고 있다. 다만 이들은 로봇세가 단일한 조세 정책으로 기능하기보다는, 교육 재훈련, 사회적 이전 지출, 지역 균형 발전 등의 요소와 연계된 복합적 정책 패키지로 접근해야 실효성을 가질 수 있다고 강조한다. 즉, 로봇세는 단순한 세수 확보 수단이 아니라, 구조적 전환기의 사회 통합을 위한 제도 설계의 일환으로 설계되어야 하며, 특히 신흥국에서는 그 정책적 의미가 더욱 클 수 있다는 함의가 도출된다.

참고문헌

김주성(2020). "로봇세 연구 – 인간과 기계 노동의 조세중립성 관점에서". 《Law & Technology》, 16(5), 77~93쪽.

나형종(2022). "미래세대를 위한 로봇세 도입에 대한 고찰". 《국제회계연구》, 105, 123~141쪽.

박훈(2020). "4차 산업혁명을 고려한 세정 및 세제의 개선방안". 《조세와 법》, 13(1), 97~125쪽.

Atkinson, R. D.(2019). The Case Against Taxing Robots. SSRN Electronic Journal. DOI: 10.2139/ssrn.3382824.

Delvaux, M.(2017). Report with recommendations to the commission on civil law rules on robotics. European Parliament Committee on Legal Affairs. https://www.europarl.europa.eu/doceo/document/A-8-2017-0005_EN.html

Erdoğdu, M. M. & Karaca, C.(2017). The Fourth Industrial Revolution and a Possible Robot Tax. *Institutions & Economic Policies: Effects on Social Justice, Employment, Environmental Protection & Growth*, pp.103~122.

Mazur, O.(2018). Taxing the Robots. *Pepperdine Law Review, 46*, pp.277~327.

Nare, M.(2023). Tax Policy Considerations for a Robot Tax in South Africa. *The International Conference on Applied Business Research(ICABR).* Springer. DOI: 10.1007/978-3-031-46177-4_45.

Pulido, Á. F.(2023). *Tax and Robotics.* BRILL.

06

로봇세의 과세 체계와 세율 설정 방안

로봇세의 성공적 도입을 위해서는 과세 체계의 구체적이고 정교한 설계가 요구된다. 과세 표준, 세율 구조, 부과 방식 등 핵심 요소들을 체계적으로 마련함으로써, 기술 발전을 저해하지 않으면서도 조세 형평성과 사회적 안정성을 확보할 수 있다.

AI와 야구?

과세 표준: 대체 노동력 임금 기준

로봇세의 과세 표준 설정에서 가장 널리 논의되는 접근은 '대체된 인간 노동력의 임금'을 기준으로 삼는 방식이다. 이는 로봇이 인간 노동을 대체할 때 발생하는 비용 절감 효과를 과세 대상으로 설정하는 것으로, Gasteiger & Prettner(2017)와 Oberson(2017)의 연구에서 중심적으로 제안된다. 이러한 기준은 단순히 로봇 자체의 물리적 혹은 기술적 가치에 과세하는 것이 아니라, 로봇 도입을 통해 기업이 획득한 경제적 이익, 즉 노동 비용의 절감분을 세금으로 환수함으로써 사회 전체와의 비용 분담을 가능하게 한다는 점에서 정책적 정당성이 확보된다.

또한 Zhang(2019)은 이러한 임금 기준이 단순한 시급이나 연봉만을 포함해서는 안 되며, 보다 정교한 과세 표준의 수립이 필요하다고 주장한다. 예컨대, 기업이 로봇을 통해 절약한 인건비에는 단순 급여 외에도 복리 후생비, 연금 기여금, 고용 보험료, 식대 및 교통비 지원 등 다양한 간접 인건비가 포함될 수 있다. 이 외에도 로봇이 대체한 노동자의 숙련도 수준에 따라 대체 임금의 차이가 클 수 있기 때문에, 해당 직무의 평균 임금 데이터를 산업별 · 직무별로 정교하게 계량화하는 것이 필요하다.

여기서 중요한 쟁점은 로봇의 사용이 정확히 어떤 범

위의 인간 노동을 대체했는가를 규명하는 기술적 판단이다. 단순 반복 작업을 수행하는 자동화 로봇의 경우 비교적 명확하지만, AI 기반의 분석 또는 관리 업무를 수행하는 로봇의 경우 그 대체 범위를 계량화하기 어렵다. 이에 따라, 일부 연구자들은 로봇세 부과 시 산업별 표준임금 표나 직군별 평균 노동 시간 및 임금 구조를 참고하여 대체 임금을 추산할 수 있도록 하는 정책적 장치를 도입할 것을 제안한다. 또한, 향후에는 로봇 도입에 따른 생산성 증가 효과나 기업 이익 증가율까지도 반영하여 과세 표준을 탄력적으로 조정할 수 있는 방안도 논의되고 있다.

세율 구조: 누진세와 단일세율의 선택

로봇세에 적용할 세율 구조에 대해서는 학계와 정책 입안자들 사이에서 두 가지 주요한 접근법이 대립하고 있다. 먼저, Oberson(2017)은 근로 소득세와 유사한 누진세(progressive tax) 구조를 채택함으로써, 상대적으로 고부가 가치 업무를 수행하는 로봇에 대해 더 높은 세율을 적용할 수 있다고 제안한다. 이 방식은 로봇을 통해 막대한 이익을 창출하는 대기업에 더 큰 세 부담을 지우고, 이를 사회보장 재원이나 기본 소득 기금으로 환류시

켜 소득 재분배 기능을 강화하는 데 초점을 둔다.

반면, Gasteiger & Prettner(2017)는 초기 단계에서는 단일세율(flat tax)이 더 현실적이고 기술 친화적이라는 입장을 견지한다. 단일세율은 모든 로봇에 대해 일정 비율의 세금을 부과하는 방식으로, 제도 설계가 단순할 뿐만 아니라 기업 입장에서 세금 예측 가능성을 확보할 수 있어 기술 도입에 대한 저항을 줄이는 데 유리하다. 특히 로봇 도입이 본격화되지 않은 기술 전이 초기 단계에서는 누진세 방식이 기업의 로봇 도입을 위축시킬 수 있다는 점에서, 사회적 수용성을 고려한 점진적 세제 설계가 필요하다는 논의가 이어진다.

이러한 두 접근법은 상호 배타적이기보다는 단계적 적용 모델로 병합 가능하다는 제안도 존재한다. 예를 들어, 초기에는 단일세율을 도입하되, 일정한 기준(예: 기업 총이익 대비 로봇 활용 비중, 대체된 노동자 수 등)을 초과하는 기업에는 보완적 누진세율을 적용하는 복합 모형이 가능하다. 나아가, 향후 AI 기반 고급 로봇 기술의 상용화가 일반화될 경우, 이들에 대한 세율을 차등 적용하여 로봇 기술의 사회적 책임성을 강화할 수 있을 것이다.

부과 방식: 법인세 신고 연계 방식

로봇세의 실제 부과 방식과 관련해서는 Zhang(2019)의 연구를 중심으로, 현재 가장 현실적이면서도 실행 가능성이 높은 방식으로 기존 법인세 체계와 연계된 신고 시스템이 제안되고 있다. 이 방식은 기업이 매년 법인세를 신고할 때 로봇의 도입 현황, 사용 현황, 대체된 노동력 정보 등을 함께 제출하도록 하여, 그 데이터를 기반으로 로봇세가 자동으로 계산되도록 하는 구조다.

이러한 구조의 장점은 기업의 행정 부담을 최소화하면서도 세무 당국의 효율적 관리가 가능하다는 점이다. 특히 이미 전자 신고 시스템이 활성화되어 있는 대부분의 국가에서는 로봇 관련 정보 항목을 추가하는 방식만으로 제도 운용이 가능하며, 별도의 평가 기관이나 로봇 감정 기구를 둘 필요가 없다. 또한, 로봇의 수명 주기, 유지 보수 비용, 소프트웨어 업그레이드 비용 등을 고려한 감가상각 기준을 함께 포함함으로써 과세의 공정성을 제고할 수 있다.

다만, 이러한 방식이 제대로 작동하기 위해서는 기업이 자발적으로 정확한 정보를 보고하도록 하는 유인 체계가 마련되어야 한다. 이를 위해 로봇세를 세액 공제 혹은 R&D 세제 혜택과 연계하여, 로봇 활용도가 높은 기업도 세금 부담을 상쇄할 수 있는 통로를 마련해 줄 수 있다. 또한, 과세 기반이 되는 로봇의 정의 및 분류 체계를 명확히 정립해야 하며, 물리적 로봇만이 아닌 AI 기반 비물질 노동 대체 시스템도 과세 대상에 포함될 수 있도록 법령을 확장할 필요가 있다.

참고문헌

Gasteiger, E. & Prettner, K.(2017). A note on automation, stagnation, and the implications of a robot tax. *Economics Bulletin, 37*(1), pp.476~483. https://refubium.fu-berlin.de/bitstream/handle/fub188/22056/discpaper2017_17.pdf;jsessionid=96E2C6563487D048D93C0DE382194E0E?sequence=1

Oberson, X.(2017). Taxing Robots? From the Emergence of an Electronic Ability to Pay to a Tax on Robots or the Use of Robots. *World Tax Journal, 247.*

Zhang, P.(2019). Automation, wage inequality and implications of a robot tax. *International Review of Economics & Finance, 59*, pp.500~509. https://www.sciencedirect.com/science/article/abs/pii/S1059056018307251

07
로봇세 납세 의무자와 세수 활용 방안

로봇세의 실질적 운영에서 핵심 쟁점은 누가 세금을 납부할지, 그리고 징수된 세금을 어떻게 활용할지에 있다. 로봇 사용으로 이익을 얻는 기업을 납세 의무자로 설정하는 한편, 세수는 실직자 재교육, 사회 안전망 확충, 기본 소득 재원 등 노동 시장 변화에 대응하는 다양한 사회적 지원으로 활용될 수 있다.

AI와 윤동주?

납세 의무자: 로봇을 사용하는 기업

로봇세 도입에 있어 핵심적인 논의 중 하나는 납세 의무자의 정위(定位)다. 대부분의 선행 연구들(Gasteiger & Prettner, 2017; Oberson, 2017; Zhang, 2019)은 로봇을 직접 사용하여 생산성을 향상하고 이익을 실현하는 기업을 납세의 주체로 설정해야 한다고 본다. 이는 현행 세법 체계의 기본 원칙－세금은 법적 책임과 경제적 이익이 귀속되는 주체에게 부과되어야 한다는 원칙－에 부합한다.

기술적으로 아무리 진보된 로봇이라 하더라도, 오늘날의 법적 구조에서는 로봇은 비인격체(non-person entity)에 불과하며, 법적 권리나 의무의 주체가 될 수 없다. 따라서 로봇을 소유하거나 운영하는 주체, 곧 법인(기업)이 로봇 사용으로 발생한 이익의 일부를 공공 재원으로 환수당하는 방식으로 세금 납부의 책임을 지게 되는 것이다. 이와 같은 견해는 경제적 실질주의 원칙(substance-over-form principle)에도 부합하며, 조세 회피나 법률적 공백을 막는 데도 기여할 수 있다.

한편 Oberson(2017)은 이와는 다른 흥미로운 시나리오를 제시한다. 그는 장기적으로 로봇에게 법인격을 부여할 가능성에 대해 언급하며, "전자 인격(Electronic

Personhood)"이라는 개념을 소개한다. 이 개념에 따르면, 일정 수준 이상의 자율성과 판단 능력을 가진 로봇이 책임 주체로서의 지위를 가질 수 있다는 것이다. 이 경우, 로봇은 제한된 법적 인격을 가지며, 자산의 소유, 계약 체결, 세금 납부 등의 기능을 일부 수행할 수 있다.

그러나 Oberson조차도 이러한 방안은 현 시점에서는 기술적, 윤리적, 법적 인프라가 미비하여 실현 가능성이 낮다고 판단하고 있다. 특히 로봇의 '행위'에 대한 법적 책임 귀속, 고의/과실 개념의 적용 여부, 로봇 자체의 수익 창출 구조 등이 아직 명확히 정의되지 않았기 때문이다. 이에 따라 대부분의 연구자들은 현실적 대안으로서 로봇을 활용한 경제적 이득이 최종적으로 귀속되는 기업이 로봇세의 주 납세 의무자가 되어야 한다는 입장에 동의하고 있다.

또한 로봇의 사용 주체가 하나의 기업이 아닐 경우, 예컨대 로봇이 여러 기업 간 공유되거나 로봇 서비스가 클라우드 기반 플랫폼 형태로 제공될 경우, 납세 의무자의 구체적 판별 기준을 설정하는 작업이 필수적이다. 이 경우에는 로봇 사용량 기준 혹은 로봇에 의해 생성된 부가가치의 귀속 기준 등을 토대로 납세 주체를 정하는 복합적 과세 구조가 필요하다. 장기적으로는 로봇 운영 기업,

로봇 제작사, 클라우드 로봇 서비스 제공업체 간의 과세 책임 배분 문제도 심층적으로 검토되어야 한다.

세수 활용 방안: 노동 시장 충격 완화와 사회 안전망 강화

로봇세의 궁극적인 정책 목표는 단순한 세수 확보에 그치지 않는다. 많은 학자들은 로봇세의 핵심적인 목적을 기술 발전이 야기하는 노동 시장 구조 변화에 대한 완충 장치로 보고 있으며, 이는 단기적 실업 문제뿐만 아니라 장기적인 사회 불평등 심화 문제까지도 포괄하는 중장기 과제라고 평가하고 있다(Zhang, 2019; Paul-Choudhury, 2017).

재교육 및 직업 훈련 인프라 강화

가장 직관적인 로봇세의 활용 방안은 자동화로 인해 일자리를 잃은 노동자들의 재교육이다. Gasteiger & Prettner(2017)는 기술 변화에 대한 적응력을 제고하기 위해 디지털 역량, AI 이해, 고급 데이터 분석, 감성 노동 및 대인 서비스 중심의 교육이 강조되어야 한다고 주장한다. 로봇세를 활용해 이러한 고차원 기술 · 인문 융합 프로그램을 공공 교육 기관이나 민간 재교육 기관과 연계해 보조할 수 있으며, 이는 단순히 실업 문제를 해결하는 데 그치지 않고 노동력의 구조적 재편을 촉진하는 도구로 작동할 수 있다.

이러한 교육 프로그램은 단기 직업 교육만이 아니라 평생 학습 체계와 연계된 지속 가능한 교육 모델로 발전해야 하며, 특히 중장년층 및 저소득층에 대한 접근성 보장 및 비용 지원이 병행되어야 한다. 로봇세 수입은 이를 위한 공공 훈련 기금의 중요한 재정 기반이 될 수 있다.

사회 안전망 강화 및 복지 사각지대 해소

두 번째로 중요한 활용 방안은 사회 안전망의 확장 및 정비다. 자동화는 단순히 일자리 문제를 야기하는 것을 넘어서 노동 시장의 이중 구조, 소득 격차, 지역 불균형을 심화시킬 수 있다. Oberson(2017)는 이러한 문제에 대응하기 위해 로봇세 수입을 임시 실업 급여 확대, 건강보험 보조금 지급, 지역 기반 복지 정책 강화 등 기존 복지 제도의 보완재로 사용할 수 있다고 제안한다.

특히 자동화로 인해 실직하는 노동자의 상당수는 기존 실업 보험의 사각지대에 존재하거나, 비정규직 · 플랫폼 노동자일 가능성이 크다. 따라서 로봇세 수입은 이들 취약 계층을 위한 유연한 복지 수단(Flexible Safety

Nets) 마련에 효과적으로 활용될 수 있으며, 사회적 갈등과 불만을 완화하는 기능도 수행할 수 있다.

기본 소득제의 재원 확보 기초

마지막으로 일부 연구자들은 로봇세를 기본 소득 제도의 재정적 기반으로 삼는 방안을 적극 검토하고 있다. Zhang(2019)은 기술 발전이 야기하는 구조적 실업과 노동력 불필요화(post-labor society)의 시나리오를 가정하며, 이에 대응하는 보편적 복지 모델로서 기본 소득(universal basic income, UBI)의 가능성을 제시한다.

로봇세는 기본 소득의 재원으로서 과세 대상이 명확하고 정기적인 수입원이 될 수 있다는 점에서 강점을 가진다. 특히 고부가 가치를 창출하는 대기업에서 로봇세를 집중적으로 납부하게 될 경우, 이는 소득 재분배 효과를 동시에 달성하는 구조가 된다. 다만, 기본 소득 시행에는 막대한 재원이 필요하므로, 로봇세 단독으로 이를 충당하기에는 한계가 있다는 점에서, 다른 디지털세 · 자동화세와 연계 과세 체계 설계가 필요하다.

참고문헌

Gasteiger, E. & Prettner, K.(2017). A note on automation,

stagnation, and the implications of a robot tax. *Economics Bulletin, 37*(1), pp.476~483. https://refubium.fu-berlin.de/bitstream/handle/fub188/22056/discpaper2017_17.pdf;jsessionid=96E2C6563487D048D93C0DE382194E0E?sequence=1

Oberson, X.(2017). Taxing Robots? From the Emergence of an Electronic Ability to Pay to a Tax on Robots or the Use of Robots. *World Tax Journal, 247.*

Paul-Choudhury, S.(2017). A robot tax is only the beginning. *New Scientist, 233*(3115), p.25. https://dialnet.unirioja.es/servlet/articulo?codigo=6509360

Zhang, P.(2019). Automation, wage inequality and implications of a robot tax. *International Review of Economics & Finance, 59*, pp.500~509. https://www.sciencedirect.com/science/article/abs/pii/S1059056018307251

08
로봇세 도입이 경제와 고용에 미치는 영향

로봇세 도입은 경제와 고용 시장 전반에 복합적인 영향을 미칠 수 있다. 특히 기업의 세 부담, 노동 시장 재편, 소득 재분배, 기술 투자 결정 등 다양한 측면에서 단기적 · 장기적 효과가 교차한다. 이러한 주요 영향을 체계적으로 살펴보고, 로봇세 도입의 경제적 함의를 고찰한다.

AI와 한의학?

단기적 영향: 기업 부담 증가 가능성

로봇세 도입 초기에는 상당수 기업들이 세 부담 증가에 직면할 가능성이 크다. 특히 Gasteiger & Prettner(2017)는 로봇세가 기업의 총운영 비용을 상승시켜, 기술 투자에 대한 기대 수익률(ROI)을 하락시키고, 결과적으로 자동화 투자 결정을 유보하거나 연기하게 만들 수 있다고 지적한다. 이는 기업 경영진의 관점에서 자동화가 단기적으로는 비용 절감 수단이 되기보다, 오히려 세금 리스크로 인식될 수 있음을 의미한다.

특히 문제는 기업의 규모와 기술 역량에 따라 그 영향이 불균형적으로 나타날 수 있다는 점이다. 자본 여력이 풍부한 대기업은 세금 증가에도 불구하고 자동화 투자를 지속할 수 있으나, 중소기업(SMEs)이나 자동화 기술 도입 초기 단계에 있는 기업들은 로봇 도입에 대한 진입 장벽이 높아질 수 있다(Paul-Choudhury, 2017). 이로 인해 기술 격차가 확대되고, 산업 전반의 생산성 혁신이 양극화되는 부작용이 우려된다.

또한 로봇세의 부과가 정책적으로 예측 가능하지 않거나, 세율 및 과세 기준이 불안정할 경우, 기업은 불확실성을 회피하기 위해 자동화 투자를 전반적으로 축소하거나 해외로 이전하는 결정을 할 수 있다. 이는 국내의 기술 기반 산업에 부정적인 외부 효과를 초래할 수 있으며, 결과적으로 고용 창출과 생산성 향상이라는 자동화의 긍정적 효과를 오히려 저해하는 결과를 낳을 수 있다.

이러한 단기적 리스크를 완화하기 위해서는, 로봇세 도입에 앞서 투명한 법적 기준 마련, 일정 기간의 과세 유예(grace period), R&D 세액 공제 등의 보완적 조치가 병행되어야 한다. 기업의 예상 가능 범위 내에서 로봇세를 준비할 수 있도록 하고, 자동화 투자가 단기 충격 없이 점진적으로 진행될 수 있도록 정책 설계가 필요하다.

장기적 영향:
노동 시장 구조 변화 및 재분배 정책 필요성

로봇세는 단기적인 세수 확보 수단을 넘어서, 장기적으로는 기술 발전에 따른 노동 시장 구조 변화에 능동적으로 대응하는 제도적 장치로서 의미를 가진다. 자동화는 반복적이고 저숙련 중심의 직무를 빠르게 대체하게 되며, 이는 노동 수요의 질적 변화를 초래한다. Zhang (2019)에 따르면, 단순한 일자리의 감소는 구조적 실업을 유발하며, 이는 중산층 붕괴, 소비 위축, 사회 갈등으로 이어질 수 있다.

이에 따라 로봇세는 단지 비용 부과 수단이 아니라, 사회적 완충 메커니즘으로서 설계되어야 한다. Gasteiger & Prettner(2017)는 자동화로 인한 실업과 소득 격차 심화를 예방하기 위해 로봇세 수입을 재교육, 직업 전환 프로그램, 사회 보장 제도 확장에 직접 투입할 것을 강조한다. 이들은 로봇세를 통해 수집된 재원을 활용해 실직자들이 고숙련 직군으로 전환할 수 있도록 돕는 이행 기반 정책(transition-based policy)이 필요하다고 주장한다.

Oberson(2017) 역시 이러한 관점에 동의하며, 자동화로 발생하는 이익의 대부분이 자본 보유자에게 집중되는 현실 속에서, 로봇세는 그 부를 일정 수준 재분배함으로써 경제적 평등성과 사회 통합성을 제고하는 수단이 될 수 있다고 본다. 특히 기술 집중이 빠르게 진행되고 있는 플랫폼 산업, 제조업, 금융업에서 발생하는 이윤의 비대칭성을 해소하는 데 있어 로봇세는 중요한 재정 도구가 될 수 있다.

또한 로봇세는 장기적으로 디지털 복지 국가 구현의 기반으로도 기능할 수 있다. 예를 들어, 고용 기반이 약화되고 있는 상황에서 기존의 노동 소득 기반 조세 체계는 점점 한계를 드러내고 있다. 이때 로봇세와 같은 생산 요소 기반의 새로운 조세 방식은 미래 경제의 지속 가능성을 담보할 대체적 재정 수단으로 평가받을 수 있다. 이는 단순한 정책 변경이 아니라 사회 계약의 재구성이라는 관점에서 접근해야 할 복합적 과제다.

자동화 투자에 대한 영향: 실증 연구의 필요성

로봇세가 자동화 투자를 위축시키는 요인으로 작용할 것인지, 아니면 오히려 기술 도입의 속도와 방향을 조율하는 정책적 수단이 될 수 있을지는 여전히 실증적으로 명확히 검증되지 않은 영역이다. 이에 대해 Oberson (2017)은 자동화의 속도를 세금을 통해 조절하려는 발상 자체는 흥미롭다고 평가하면서도, 세율이 과도하게 설정될 경우 자칫 기술 혁신 전체를 억제할 수 있는 양날의 검이 될 수 있다고 지적한다.

반면 Gasteiger & Prettner(2017)는 로봇세가 일정 수준에서 유지된다면 무분별한 자동화 경쟁을 억제하는 데 오히려 도움이 될 수 있으며, 이는 인간 노동력과 기술 간 균형 있는 발전을 유도하는 장치로 기능할 수 있다고 주장한다. 이들은 특히 일부 기업들이 생산비 절감을 위해 노동자를 대규모로 해고하고 로봇을 과도하게 도입하는 현상이 사회 전반에 미치는 부작용을 지적하며, 로봇세를 통해 기업이 사회적 책임을 고려한 기술 도입 전략을 수립하도록 유도할 수 있다고 본다.

그러나 이러한 논의들이 현실 정책으로 발전되기 위해서는 로봇세가 실제로 도입된 국가나 산업 사례를 토대로 한 장기적이고 비교 가능한 실증 연구(empirical studies)가 반드시 뒷받침되어야 한다. 예를 들어, 산업별로 로봇세 도입 여부에 따라 자동화 투자 수준이 어떻게 달라졌는지에 대한 분석, 세율 수준과 기술 도입의 상관관계에 대한 통계적 연구, 고용 유지 조건이 자동화 효율성과 어떻게 연결되는지에 대한 실험적 접근, 그리고 로봇세가 기업의 R&D 투자 및 기술 혁신 역량에 어떤 영향을 미치는지를 정량적으로 분석하는 연구들이 필요하다.

또한 앞으로의 연구는 단순히 '세금이 기술을 억제하는가'라는 이분법적인 논점에서 벗어나, 로봇세가 기술 도입의 질과 방향에 어떤 영향을 미치는지, 그리고 자동화와 노동 복지 간의 균형을 어떻게 설계할 수 있는지를 다루는 보다 정교하고 통합적인 정책 디자인으로 확장되어야 할 것이다.

참고문헌

Gasteiger, E. & Prettner, K.(2017). A note on automation, stagnation, and the implications of a robot tax.

Economics Bulletin, 37(1), pp.476~483. https://refubium.fu-berlin.de/bitstream/handle/fub188/22056/discpaper2017_17.pdf;jsessionid=96E2C6563487D048D93C0DE382194E0E?sequence=1

Oberson, X.(2017). Taxing Robots? From the Emergence of an Electronic Ability to Pay to a Tax on Robots or the Use of Robots. *World Tax Journal, 247.*

Paul-Choudhury, S.(2017). A robot tax is only the beginning. *New Scientist, 233*(3115), p.25. https://dialnet.unirioja.es/servlet/articulo?codigo=6509360

Zhang, P.(2019). Automation, wage inequality and implications of a robot tax. *International Review of Economics & Finance, 59*, pp.500~509. https://www.sciencedirect.com/science/article/abs/pii/S1059056018307251

09
로봇세와 기업 혁신 및 기술 발전 간의 관계

로봇세 도입은 기업의 기술 혁신과 연구 개발 투자에 다양한 영향을 미칠 수 있다. 자동화 기술이 경쟁력의 핵심으로 부상한 현재, 로봇세가 기업의 투자 의사 결정에 어떤 방향으로 작용할지에 대한 논의가 중요하다. 특히 중소기업이나 기술 도입 초기 기업에는 부담이 될 수 있는 반면, 사회적 균형을 고려한 정책 설계를 통해 기술 발전과 분배 정의를 동시에 추구하는 방안도 모색되고 있다.

AI와 화장품?

기업의 기술 투자 저해 가능성: 로봇세가 불러올 잠재적 제약과 구조적 불균형

로봇세가 도입될 경우, 특히 기업의 자동화 설비 및 로봇 도입에 대한 경제적 유인 구조가 크게 변화하게 된다. 기존의 자동화는 인건비 절감, 생산 효율성 제고, 품질의 정밀도 향상, 작업환경 개선 등 다양한 장점이 복합적으로 작용하여 기업이 경쟁력을 확보하는 핵심 수단으로 인식되어 왔다. 그러나 Gasteiger & Prettner(2017)는 로봇세와 같은 새로운 조세 항목이 추가될 경우, 이러한 경제적 이득이 상대적으로 감소하여 기업의 자동화 투자 매력도가 약화될 수 있다고 지적한다.

자동화 설비나 로봇은 초기 도입 시 막대한 자본 투자가 요구된다. 여기에 로봇세가 추가로 부과될 경우, 기업의 투자 회수 기간(payback period)이 길어지고 순 현재 가치(NPV)는 낮아지게 되며, 이는 기업의 재무적 타당성 평가에 부정적인 영향을 줄 수 있다. 특히 이러한 상황은 단기 수익률에 민감한 민간 기업에 있어 의사 결정 지연 혹은 도입 회피로 이어질 가능성이 높다(Oberson, 2017; Kovacev, 2020). 기업은 세금으로 인해 예상보다 낮은 수익을 예측하게 되고, 이는 장기적인 혁신 전략에도 영향을 미칠 수 있다.

이러한 문제는 특히 중소기업(SMEs) 혹은 자동화에 대한 접근성이 낮은 기술 도입 초기 단계의 기업에서 더욱 심각하게 나타날 수 있다. 대기업은 자본력과 기술 인프라가 충분하기 때문에 일정 수준의 조세 부담을 감내할 수 있으나, 자금 조달과 투자 리스크에 민감한 중소기업은 로봇세의 도입이 직접적인 투자 회피 요인이 될 수 있다. Zhang(2019)은 로봇세가 기업 간 기술 도입 격차를 확대하고, 결과적으로 국가 전반의 기술 경쟁력과 혁신 기반 생태계에 부정적인 파급 효과를 초래할 수 있다고 경고한다.

또한, 자동화는 단순히 노동력을 대체하는 것이 아니라 제품 품질 향상, 납기 단축, 고객 맞춤형 생산 등에서 경쟁 우위를 제공하는 핵심 전략이다. 이러한 전략이 조세로 인해 저해된다면, 기업은 장기적으로 해외 생산 기지 이전(offshoring)을 선택하거나, 기술 투자 대신 노동 집약적 방식에 머무를 가능성도 존재한다. 이러한 현상은 로봇세가 본래 의도한 사회적 형평성과 세수 확보라는 목적을 오히려 훼손하는 결과를 낳을 수 있다.

결론적으로, 로봇세는 잘못 설계되거나 기업 규모 · 업종 특성을 무시한 채 획일적으로 적용될 경우, 기업의 자동화 투자에 대한 의사 결정을 왜곡하고 기술 도입의 불균형을 심화하는 원인이 될 수 있다. 이에 대한 정교한 대응 전략과 차등 과세, 면세 유예, 기술 혁신 인센티브 연계 등의 보완책 마련이 필수적이다.

로봇세 설계의 조화적 접근

한편 로봇세는 단순히 기술 투자에 부담을 주는 조세 장치로만 인식되어서는 안 되며, 오히려 기술 발전과 사회적 형평성을 동시에 고려한 복합적 정책 수단으로 활용될 가능성도 높다. Paul-Choudhury(2017)는 자동화의 확산으로 인해 특정 계층과 기업에 부가 과도하게 집중되는 현상이 발생할 수 있으며, 이에 따라 실업과 소득 불균형, 사회 계층 간 긴장 등이 심화될 수 있다고 지적한다.

이러한 맥락에서 로봇세는 기술 발전의 속도와 혜택을 사회 전체로 분산하는 조정 메커니즘으로 기능할 수 있다. 예컨대, 로봇세 수입이 실직자 대상의 재교육 · 재취업 프로그램, 지역 기반 일자리 창출 사업, 사회 안전망 강화, 기초 생활 보장 등으로 환원된다면, 기술이 야기한 피해를 줄이고 사회적 수용성과 정치적 정당성을 높일 수 있다. Delvaux(2017)는 EU 의회 보고서에서 로봇세가 인간 중심 기술 도입(human-centric automation)을 유도하는 데 있어 중요한 조세적 유도 수단이 될 수 있다고 강조한다.

또한 로봇세를 단일세율로 일률 적용하기보다는, 기술의 사회적 효과나 기업의 사회적 책임 이행 여부에 따라 차등 과세 혹은 면제 조항을 두는 방식도 고려할 수 있다. Gasteiger & Prettner(2017)는 기술 혁신과 고용 창출을 동시에 달성한 기업에는 세액 공제, 세율 인하 등의 포지티브 인센티브를 제공할 수 있다고 주장한다. 반대로, 노동을 대량 해고하고 고용 유지를 외면하는 기업에는 페널티 성격의 과세 강화를 적용하는 방식도 검토될 수 있다.

이와 같은 정책적 설계는 로봇세가 기술 혁신 자체를 억제하는 것이 아니라, 오히려 기술 도입의 '방향'을 교정하고 '사회적 수익률'을 극대화하는 데 초점을 두는 방식으로 전환할 필요가 있다. 특히 AI와 로봇 기술이 사회 구조 전반을 재편하는 4차 산업 혁명 시기에 로봇세는 단기 세수 조치가 아닌, 미래 노동 시장 재구성의 디딤돌로 설계되어야 한다.

Zhang(2019) 역시 로봇세가 불평등 완화와 재분배 정책의 일환으로 기능할 수 있으며, 이를 통해 기술 발전이 일부 기업과 계층만의 이익으로 귀결되지 않고, 사회 전체의 포용적 성장 기반으로 작용할 수 있도록 해야 한다고 주장한다. 이를 위해 로봇세 정책은 조세 정책, 고용 정책, 복지 정책, 기술 정책 간의 거버넌스 통합과 협력적 연계가 필수적이다.

결론적으로 로봇세는 기술 발전을 저해하는 규제가 아니라, 지속 가능한 기술 도입 생태계 조성과 사회적 가치 실현을 병행하는 조세 장치로 진화할 필요가 있으며, 이를 위해 세율 구조, 과세 대상, 세수 활용 방식의 입체적 설계가 요구된다.

참고문헌

Delvaux, M.(2017). Report with recommendations to the Commission on Civil Law Rules on Robotics. European Parliament Committee on Legal Affairs. https://www.europarl.europa.eu/doceo/document/A-8-2017-0005_EN.html

Gasteiger, E. & Prettner, K.(2017). A note on automation, stagnation, and the implications of a robot tax. *Economics Bulletin, 37*(1), pp.476~483. https://refubium.fu-berlin.de/bitstream/handle/fub188/22056/discpaper2017_17.pdf;jsessionid=96E2C6563487D048D93C0DE382194E0E?sequence=1

Kovacev, R.(2020). A Taxing Dilemma: Robot Taxes and the Challenges of Effective Taxation of AI, Automation and

Robotics in the Fourth Industrial Revolution. *The Ohio State Technology Law Journal, 16*, pp.182~217.

Oberson, X.(2017). Taxing Robots? From the Emergence of an Electronic Ability to Pay to a Tax on Robots or the Use of Robots. *World Tax Journal, 247.*

Paul-Choudhury, S.(2017). A robot tax is only the beginning. *New Scientist, 233*(3115), p.25. https://dialnet.unirioja.es/servlet/articulo?codigo=6509360

Zhang, P.(2019). Automation, wage inequality and implications of a robot tax. *International Review of Economics & Finance, 59*, pp.500~509. https://www.sciencedirect.com/science/article/abs/pii/S1059056018307251

10
정책적 제언

AI와 로봇 기술이 빠르게 확산되면서 노동 시장과 소득 분배 구조가 크게 변화하고 있다. 자동화의 가속화는 생산성을 높이는 동시에 실업과 소득 불평등 심화라는 사회적 문제를 초래하고 있으며, 이에 대응책으로 로봇세 도입이 주목받고 있다. 로봇세는 단순한 세금 부과를 넘어, 기술 발전의 혜택을 사회 전체가 공평하게 공유하고 지속 가능한 성장을 실현하기 위한 새로운 조세 정책으로 논의되고 있다. 그러나 기술 혁신 저해, 과세 기준의 모호성 등 여러 쟁점이 병존하는 만큼 신중하고 정교한 제도 설계가 필요하다.

종교와 AI?

정책적 제언

로봇세의 도입은 단순히 국가 재정을 확보하기 위한 세수 확대 수단에 머물지 않는다. 보다 근본적으로는 자동화와 AI의 확산이 불러온 노동 시장 구조 변화, 고용의 불안정성, 그리고 소득 불평등의 심화 문제에 대응하는 사회적 조정 장치로 기능할 수 있다. 그러나 이러한 잠재력을 실제 정책 효과로 전환하기 위해서는 제도 설계 단계에서 몇 가지 핵심적인 고려 사항이 충실히 반영되어야 한다.

무엇보다 먼저 요구되는 것은 로봇세의 과세 대상과 과세 기준을 명확히 정의하는 일이다. 로봇이라는 개념이 지나치게 포괄적으로 설정될 경우 과세 범위가 불분명해져 행정 혼란과 납세자 저항을 유발할 수 있으며, 반대로 과도하게 협소한 정의는 핵심 자동화 기술들을 과세망 밖으로 배제할 우려가 있다. 이에 따라 Gasteiger & Prettner(2017)는 자율성과 판단 능력을 갖춘 AI 기반 시스템을 로봇세의 과세 대상으로 한정하는 방식을 제안하며, 이를 통해 물리적 기계 장치가 아닌, 실질적으로 인간 노동을 대체하는 기능에 초점을 맞춰야 한다고 주장한다.

과세 기준 측면에서는 로봇이 대체한 노동력의 임금

수준을 기준으로 삼는 방안이 현실적이라는 분석이 제시되고 있다. 나형종(2022)은 로봇이 수행한 업무의 가치를 인간 노동으로 환산하고, 이를 세금 부과의 기초로 삼는 것이 형평성과 세정 실행력 측면에서 바람직한 기준이 될 수 있다고 본다. 이때 단순 평균 임금이 아닌, 대체된 직무의 숙련도, 지역별 임금 차이, 산업군 특성 등을 고려한 정교한 계량 모델이 병행되어야 할 것이다.

두 번째로 중요한 고려 사항은 세율 구조의 신중한 설계다. 로봇세에 누진세율을 적용할 경우 고부가 가치 로봇을 운영하는 대기업으로부터 더 많은 세금을 걷을 수 있고, 이를 통해 소득 재분배 효과를 높일 수 있다는 장점이 있다. 그러나 Kovacev(2020)는 제도 도입 초기 단계에서는 단일세율이 기업의 부담을 완화하고 기술 투자를 저해하지 않는 데에 더 효과적일 수 있다는 점을 강조한다. 따라서 로봇세는 누진세와 단일세율 중 어느 하나를 고집하기보다, 제도 정착기에는 단일세율로 시작한 후 일정 시점 이후에는 누진세로 전환하는 단계적 조정 방식이 합리적이라 할 수 있다.

세 번째로는 조세 회피에 대응하기 위한 국제 공조 체계의 필요성이 강조된다. 로봇세는 국가별로 도입될 수 있으나, 글로벌 기술 기업이 법인 등록지나 로봇 운영 데이터의 물리적 위치를 조작하여 세금을 회피할 가능성도 높다. 실제로 Delvaux(2017)는 유럽 연합이 로봇세를 포함한 디지털 조세 정책을 추진하는 과정에서 발생할 수 있는 역외 탈세 문제를 지적하며, 이를 해결하기 위한 국제 협약의 필요성을 강조하였다. 또한 Vishnevsky & Chekina(2018)는 데이터 거점 기반 과세 방식(data residency-based taxation)과 로봇 활동 추적 시스템(value tracking system) 등을 통해 기업의 조세 회피를 방지할 수 있다고 제안하였다. 이를 위해서는 OECD 및 주요 다자 기구 간 공통 과세 기준과 로봇 정의에 대한 국제 표준을 수립하는 것이 선행되어야 할 것이다.

마지막으로 로봇세의 세수 활용 목적을 명확히 설정하는 일이 정책의 정당성과 수용성을 제고하는 데 핵심적이다. 일반 재정에 통합되는 방식보다, 로봇세는 목적세 형태로 구분 관리되어야 하며, 그 수입은 자동화로 인한 사회적 충격을 완화하는 데 집중적으로 활용되어야 한다. 구체적으로는 재교육 및 직업 훈련 프로그램, 사회 안전망 강화, 디지털 격차 해소를 위한 인프라 투자, 그리고 기초 소득 실험을 위한 기금 조성 등 다양한 방향으로의 활용이 고려될 수 있다. 나형종(2022)과 김동현(2020) 역시 이러한 세수의 목적 지정을 통해 조세 저항을 최소화하고, 로봇세가 복지와 기술 혁신의 균형점으로 작용할 수 있도록 해야 한다고 강조하고 있다.

결론

로봇세는 인간의 노동을 빠르게 대체하고 있는 기술의 진보, 그리고 그에 따른 사회 경제적 구조 변화에 대응하기 위한 신세대 조세 패러다임으로 떠오르고 있다. 4차 산업 혁명은 AI와 자동화 기술의 확산을 통해 산업 전반의 생산성과 효율성을 극대화하고 있으나, 그 이면에서는 전통적인 고용 기반이 약화되고, 노동의 소외, 소득의 불균형, 사회적 분절이라는 구조적 문제가 더욱 심화되고 있다. 특히 일자리의 자동화는 단순 반복 업무에서 시작해 점차 전문 직종, 창의적 직무로까지 확대되고 있으며, 이에 따라 노동 시장의 재편은 더욱 가속화되는 추세다.

이러한 시대적 흐름 속에서 로봇세는 단순히 '기계에 세금을 부과한다'는 기술적 조치에 그치지 않고, 기술 발전이 창출한 부가 가치를 특정 계층이나 기업에만 집중시키지 않도록 사회 전체가 공유하도록 유도하는 재분배적 정책 수단으로서의 의의가 커지고 있다(Zhang, 2019; Paul-Choudhury, 2017). 즉 로봇세는 기술의 이익을 사회적 공공재로 전환함으로써, 기술에 의한 불평등을 완화하고 포용적 혁신을 실현하는 데 기여할 수 있는 경제적 · 윤리적 조세 모델로 평가받고 있다.

하지만 이와 같은 이상이 실현되기 위해서는 로봇세가 단순히 이론적 개념이나 선언적 정책이 아닌, 현실에 기반한 실효성 있는 제도로 정착되어야 한다. 이를 위해서는 로봇세의 도입 및 집행 과정에서 예상되는 복잡한 제도적 쟁점을 면밀히 검토하고, 다각적인 정책 조율이 필요하다. 먼저, 기술 혁신을 저해할 수 있다는 우려는 가장 대표적인 반론으로, 기업의 자동화 투자를 위축시키지 않도록 세율의 설계와 도입 시기, 기업 규모별 차등 적용 방안 등이 정교하게 조율되어야 한다(Oberson, 2017).

또한 로봇의 개념 정의가 불분명하거나 과세 표준의 기준이 모호할 경우, 제도는 현실에서 적용이 어려워지고, 기업은 법적 해석의 불확실성 속에서 행정 혼란을 겪게 될 수 있다(Gasteiger & Prettner, 2017). 예를 들어, AI 알고리즘이 로봇의 범주에 포함되는지, 인간 노동을 대체한 범위는 어떻게 측정할 것인지, 혹은 로봇 사용으로 증가한 기업 이익 중 얼마를 세수로 환수해야 하는지를 두고 정량적 · 법률적 기준이 선행되어야 한다. 아울

러 기존 법인세 체계와의 중복 과세 또는 이중 과세 문제가 발생하지 않도록 제도 간 조화를 도모할 필요도 크다.

더불어 로봇세는 기술과 자본이 사회적으로 정당한 방식으로 환류되기 위한 사회적 합의의 산물이어야 한다. 이는 단순히 조세 기술자나 정책 당국이 일방적으로 설계할 문제가 아니라, 기업, 시민 사회, 기술 전문가, 법학자, 윤리학자, 노동계 등 다양한 이해 당사자들이 참여하는 거버넌스 체계하에서 논의되어야 할 공공 정책이다. 즉, 로봇세는 기술 발전, 조세 정의, 경제 혁신, 복지 확장이라는 다양한 가치들이 교차하고 조율되는 정책 플랫폼의 일환으로 기능해야 한다.

궁극적으로 로봇세는 자본과 노동, 기술과 인간, 생산성과 형평성이라는 이중구조의 긴장 속에서 새로운 균형점을 모색하는 실험적 조세 정책이자, 향후 조세 체계가 어떤 방향으로 나아가야 하는지를 가늠하게 해주는 전환적 정책 장치라 할 수 있다. 자동화로 인해 급변하는 경제 구조 속에서 기존의 노동 기반 과세 모델은 점점 한계에 직면하고 있으며, 이에 따라 기술 중심의 조세 패러다임으로의 이행이 요구되고 있다. 로봇세는 이러한 변화의 중심에서, 포용적 성장과 지속 가능한 발전을 동시에 추구할 수 있는 정치 · 경제 · 윤리적 핵심 제도로 자리 잡을 가능성이 높다.

참고문헌

김주성(2020). "로봇세 연구 – 인간과 기계 노동의 조세중립성 관점에서". 《Law & Technology》, 16(5), 77~93쪽.

나형종(2022). "미래세대를 위한 로봇세 도입에 대한 고찰". 《국제회계연구》, 105, 123~141쪽.

박훈(2020). "4차 산업혁명을 고려한 세정 및 세제의 개선방안". 《조세와 법》, 13(1), 97~125쪽.

Delvaux, M.(2017). Report with recommendations to the Commission on Civil Law Rules on Robotics. European Parliament Committee on Legal Affairs. https://www.europarl.europa.eu/doceo/document/A-8-2017-0005_EN.html

Gasteiger, E. & Prettner, K.(2017). A note on automation, stagnation, and the implications of a robot tax. *Economics Bulletin, 37*(1), pp.476~483. https://refubium.fu-berlin.de/bitstream/handle/fub188/22056/discpaper2017_17.pdf;jsessionid=96E2C6563487D048D93C0DE382194E0E?sequence=1

Kovacev, R.(2020). A Taxing Dilemma: Robot Taxes and the Challenges of Effective Taxation of AI, Automation and Robotics in the Fourth Industrial Revolution. *The Ohio State Technology Law Journal, 16*, pp.182~217.

Oberson, X.(2017). Taxing Robots? From the Emergence of an Electronic Ability to Pay to a Tax on Robots or the Use of Robots. *World Tax Journal, 247.*

Paul-Choudhury, S.(2017). A robot tax is only the

beginning. *New Scientist, 233*(3115), p.25. https://dialnet.unirioja.es/servlet/articulo?codigo=6509360

Vishnevsky, V. P. & Chekina, V. D.(2018). Robot vs. tax inspector or how the fourth industrial revolution will change the tax system: a review of problems and solutions. *Journal of Tax Reform, 4*, pp.6~26. DOI: 10.15826/jtr.2018.4.1.042.

Zhang, P.(2019). Automation, wage inequality and implications of a robot tax. *International Review of Economics & Finance, 59*, pp.500~509. https://www.sciencedirect.com/science/article/abs/pii/S1059056018307251

나형종

경희대학교에서 경영학 박사 학위를 취득했으며, 성균관대학교 경영대학 연구교수와 한국외국어대학교 경영대학 객원교수를 역임했다. 현재 세명대학교 회계세무학과 교수로 재직 중이다. 주요 연구 분야는 재무회계 및 세무회계이며, 기업의 경영성과 평가, ESG 기반 기업가치 예측, 세제 정책 등을 중심으로 연구를 수행해 왔다. 특히 머신 러닝과 디프 러닝을 활용한 응용 연구에도 활발히 참여하고 있다. 지금까지 *IEEE Access*, *Managerial Auditing Journal*, *Managerial Decision* 등 국내외 유수 학술지에 약 50편 정도의 논문을 게재했다. 주요 연구로는 “A Study on the Forecast of Earning Management Based on Deep Learning by Reflecting Information on Corporate Litigation Cases”(2024), “Development of a Success Prediction Model for Crowdfunding Based on Machine Learning Reflecting ESG Information”(2024), “Does explanatory language convey the auditor’s perceived audit risk?”(2023), “Exploring the deep neural network model’s potential to estimate abnormal audit fees”(2022) 등이 있다.